不登校・ひきこもり・発達

# 生きづ
# 生き方ガイド

—— 本人・家族の本音と困りごと別相談先がわかる本

一般社団法人 生きづらさ
インクルーシブデザイン工房代表理事 /
生きづらさ（難さ）コンセルジュ

**大橋 史信**

- - - - - - - - - - - - - - - - - - - -

家族関係心理士・心理カウンセラー

**岡本 二美代**

- - - - - - - - - - - - - - - - - - - -

共著

日本法令

## はじめに

　あなたは、生きづらさの当事者・経験者として、自身と同じような「生きづらさ」を抱えた本人とその家族の声を聴いてみたい、交流したいと思ったことはありませんか？　または自分の「生きづらさ」について、どこに相談にいけばよいのか、どのように利用したらよいのかわからず、困り果てたという思い、経験をしたことはありませんか？

　支援活動をされている方は、支援のあり方をどう考え、実践していけばよいのかわからず困ったということはなかったでしょうか？

　私自身も「不登校・ひきこもり・発達障害・家族との確執・社会参加、就労困難者」という生きづらさを抱えながらも、当事者経験者の活動家として、さまざまな社会経験をしてきたので、その経験を踏まえ当事者自らが考える「支援」や「生き方」、また欲している「支援情報」について発信する書籍があってもよいのではないかと考え、本書を発刊する運びとなりました。

　「生きづらさ」に関する書籍は多くありますが、それら書籍と違う点は、3つあります。

　1点目は、「生きづらさの専門家」は、生きづらさを抱えた本人とその家族であるので、彼ら彼女らの生の声、活動を軸に内容を構成している点。

　2点目は、「自分が抱える生きづらさとともに、自分らしい生き方」を考えるための視点や情報を、本書1冊でわかるようにしている点。

　3点目は、当事者経験者の活動家と支援者（家族関係心理士）が、協同して書き起こし、編集している点。

　具体的には、この1冊で「関わり方・支援のあり方、ご本人体験インタビュー、ご家族体験インタビュー、困りごと別活動団体・相談窓口、親なき後対策」を掲載しています。

　さあ、「自身の生きづらさとともに生きるための方法を探す旅」に、一緒に出かけましょう！

令和3年6月　大橋　史信

私が、不登校の親の支援をはじめた 2000 年頃は、不登校の記事は社会でも取り扱われることは少なくて、「そんな子どもがいる」程度の認識で、他人事のような時代でした。

　それから次第に、不登校からひきこもりになる人や、ある日を境にひきこもる人が増えてきました。

　そんななか、不登校やひきこもりの親にしてみれば、何が原因かわからず困り果て、周りの「甘えだ」とか「しっかり教育していないからだ」の意見に振り回され、本人にかなり辛い対応をしていた親御さんも多かったと思います。

　そのうち、いじめ問題や子どもの自殺などが立て続けに起き、社会の関心が向き始めると、やっと本人の気持ちを重視する対応や、障害を持っているゆえの生きづらさがあると、少しずつ解明され、理解されてきました。

　本書は、そんな生きづらくてたまらなかったご本人の思いと、当事者の親として困り果て、格闘して得た知恵などの貴重な体験をインタビューという形でありのままに載せています。

　また、いまの生きづらさに少しでもお役に立てればと、数々の相談窓口や支援先を紹介しています。

　生きづらさを感じている人には、「自分の生きる道がある」と、少しでも安心していただきたく、また「今の自分がどうしたいのか」、「何をしたいのか」、「どんな将来にしたいのか」と、未来の希望と穏やかな生活に繋がる一歩となれば、とても嬉しく思います。

　お子さんの対応に困っていらっしゃるご家族には、まずはご自身が強いストレスと悲観的な感情から解放されてほしいとの思いから、こちらもたくさんの情報を掲載しています。

　リラックスして読んでいただけるよう、難しい表現や、専門的な言葉は使わず、なるたけわかりやすく書いています。

　ぜひ、興味のあるところから、どこからでも、好きに開いてみてください。

岡本　二美代

[目次]

# 第3章　当事者家族の体験インタビュー

# 第4章 「自分らしい生き方」を応援する 民間の活動団体

# 第5章 「自分らしい生き方」を応援する便利帳

# 章6章 「自分らしい生き方」の付録

※本書では、支援窓口等を紹介するにあたって、QR コードも併せて
　掲載しています。携帯電話の機種によって、QR 取得方法が異なり
　ます。操作方法をご確認のうえ閲覧ください。

# 第1章
# カンタンにわかる
# 「不登校、ひきこもり」のこと

本章では、「不登校やひきこもりの基礎知識」や、
「支援のあり方」について、紹介していきます。

# 第1節
# 「不登校」とは

## (1) 不登校の現状

　2019年度、文部科学省の発表によると、小・中学生の不登校児童の生徒数は全国で16万人を超え、過去最大値を記録しました。ここ5年間で、毎年約1万人ずつ増加している状況です。

　また、日本財団が2018年に行った調査では、不登校傾向にあると思われる中学生は、約33万人にのぼるという結果が出ています。

　この数字から推測すると、潜在的な不登校者を含めると、不登校児童の生徒数は、少なくとも50万人以上と推定されています。

　さらに、調査の対象となっていない不登校傾向の小学生を含めると、その数はさらに増えるものと考えられます。

　このことから、いまの世の中では、誰もが行き渋り、不登校状態になる可能性がある社会情勢となっていることがわかります。

### 2019年度不登校児童生徒数の推移（参考資料）

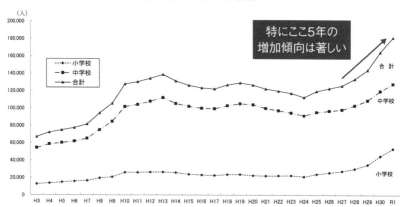

出典：文部科学省／令和元年度　児童生徒の問題行動・不登校等生徒指導上の諸課題に関する調査

## （2）不登校の定義とは

　1960 年頃に「登校拒否」と呼ばれていたものが、のちに「不登校」と呼ばれるようになりました。

　「不登校」と呼ばれ始めた頃は、小・中学校の在籍者のことを指していましたが、現在は、小学校、中学校、高等学校、大学とすべての学校の在籍者が対象になっています。

　文字通りに、子どもが、学校に登校していない状態のことを指しますが、文部科学省では、以下のように定義しています。

> 　「不登校児童生徒」とは、「何らかの心理的、情緒的、身体的あるいは社会的要因・背景により、登校しない、あるいはしたくともできない状況にある者。ただし年間 30 日以上欠席した者のうち、病気や経済的な理由による者を除いたもの」

## （3）不登校になるきっかけ

　不登校になるきっかけはさまざまですが、文部科学省では、不登校を引き起こす原因や特徴について、7 タイプ（学校生活上の影響、あそび・非行、無気力、不安など情緒的混乱、意図的な拒否、複合、その他）に分けており、タイプごとに対策や登校までの支援方法が異なると考えています。

　「学校に行きたくない」と考えることは、決して悪いことでも珍しいことでもありません。しかし、長期にわたって休むと、登校を再開しづらくなってしまいます。

　学校を休むことが増えたときは、丁寧にわが子の状態を観察して、不登校のタイプに沿った対応をすることが大切です。

※不登校の７つのタイプと、その対応方法は下記を参照ください。

参考：四日市市教育委員会 平成17年3月発刊
『子どもの心を見つめて
―不登校の子どもへの指導の手引き―』
不登校とは（不登校の定義とタイプ分け）

## 第2節
# 「ひきこもり」とは

## （1）ひきこもりの現状

「ひきこもり」は、若者問題から親なき後問題（8050問題）へと、大きな社会現象のひとつになってきています。

教育・就労等の若者問題だけでなく、社会的孤立による高齢化、福祉、生活問題によるものまで移行しているので、どの世代でも、どの年代からでも、誰もがひきこもる可能性のある社会情勢になってきています。

**（参考資料：全国のひきこもり状態にある当事者数）**
全国・ひきこもり状態にある当事者数　総計約115万人
- ● 40歳未満（15歳から39歳）約54万人
- ● 40歳以上（40歳から64歳）約61万人

出典：内閣府／若者の生活に関する調査2016年、2019年「当事者年齢の推移」より

**（参考資料：「ひきこもり状態にある本人平均実年齢と初発平均年齢の推移」）**

出典：NPO法人KHJ全国ひきこもり家族会連合会

## （2）ひきこもりの定義

厚生労働省では「ひきこもり」を下記のように定義しています。

> 　様々な要因の結果として社会的参加（義務教育を含む就学、非常勤職を含む就労、家庭外での交遊など）を回避し、原則的には6ヵ月以上にわたって概ね家庭にとどまり続けている状態（他者と交わらない形での外出をしていてもよい）を指す現象概念

※なお、「ひきこもりは原則として統合失調症の陽性あるいは陰性症状に基づくひきこもり状態とは一線を画した非精神病性の現象とするが、実際には確定診断がなされる前の統合失調症が含まれている可能性は低くないことに留意すべき」としています。

## （3）ひきこもりになるきっかけ

「ひきこもり」になるきっかけは、さまざまな要因（不登校、精神疾患、生活環境等）があり、ひとつに特定できない場合が多いです。

本人自らが、さまざまな要因で、家族以外との人間関係を遮断せざるを得ない「社会的孤立無援状態」が長期にわたることが、本質かつ深刻な課題だといえます。

挫折感、失望感、劣等感、傷つくことへの恐怖心など、本人は孤独で複雑な苦しみの中にいます。

本人を心配しての、家族や周りからの一方的な叱咤激励は、本人の不安や劣等感をさらにつのらせてしまい、「生きていても価値がない」「死んだほうがマシ」と、追い詰めてしまう可能性があることを踏まえたうえで、偏見を持たず、本人とともに、治療や支援の方向性を考えていただきたいと思います。

## 第3節

# 「生きづらさからの回復」の支援
## 〈家族・支援者向け〉

### ① 「家族」にお願いしたいこと

#### 家庭を安心・安全の場に保つこと

　緊張感のある家族関係から、安心・安全を感じる温かい家庭の雰囲気をつくり、否定的で無関心の関わりから、本人をありのままに受け入れ、共感的な態度で接することで、本人の精神的安定を図ることができます。

#### ［本人への具体的な対応］

● 頭ごなしの否定・批判、叱咤激励、指示、命令、説得、価値観の押しつけ、決めつけ、無関心な対応は、本人の緊張、警戒心を一層強めてしまい、ますますこころを閉ざしてしまいますので、逆効果です。

● 本人に、何がつらく何に困っているのかを、時間をかけてじっくり聞いて、静かに「そうなんだ」と聞き役に徹することで、少しずつ、関係性を調整し、信頼関係を再構築していきます。

#### ［家族会や相談機関に行き、親（家族）の視野を広げる］

● 本人の個性や考え方、親とは違う価値観を受け入れ、わが子をありのまま受け止められるよう、家族会や相談機関に親御さん（家族）が繋がり、学習や情報収集をしていくことが大切です。

#### ［動き出すためのエネルギーの回復のために、必要な環境整備］

● 親の顔色を常に気にしている本人には、親がまなざしや表情を柔和に変えるだけでも、本人の緊張がゆるみ、大きな環境の調整と

なります。そして、親は、自分の人生を大切にする工夫や時間を
つくり、ストレス発散をこころがけることも大事なことです。

● 安心かつ安全な場所、わかってもらえる環境、ゆっくり休める家
庭、否定されない家族の関係、そして、ありのままでいられる、
自由な環境が本人の回復には必要不可決です。

● 家族自身が孤立しない工夫と、常に気分転換やリフレッシュを図
るようにこころがけましょう。
そして、家族だけで抱え込まないで、家族会や行政などの支援機
関に相談して、自身のこころのケアも大事にしてください。

## ② 「支援者」にお願いしたいこと

本人と家族の、「相談」に対する不安や葛藤に、深い理解と温か
い対応をお願いいたします。

### (1) 不登校、ひきこもりを、「良い・悪い」で捉えない姿勢

● 「不登校、ひきこもり」は、「悪い問題」という価値観が、「学校
に復帰させよう」「働かせよう」という、強制につながります。
「○○させよう」は、特に本人を一番苦しめ、追い詰めます。

● 「不登校・ひきこもり」とは、「生き方」のひとつです。
その生き方そのものを応援する姿勢が大切です。

● 「私たちを抜きにして私たちのことを決めないで（Nothing
About Us Without Us）」の精神で、「不登校・ひきこもり」状
態に着目するのではなく、「本人の気持ちや意思を尊重しなが
ら、生じる困りごとに寄り添う対応」をお願いします。

### (2) 支援者自身の限界を知ること

● 支援者自身も抱え込まず、家族会や他支援機関等と連携し、支援
に関わる制度等の情報収集活用、自身のケアも大事にしてください。

● 生きづらさ支援は、家族丸ごとの「関係調整・生き方支援」です。本人同様、家族も苦しんでいます。
　ぜひ、家族丸ごと支援の視点を持って、対応をお願いします。
● ぶれずに本課題・支援対象者に対し関心を持ち続けてください。

# 「自分らしい生き方」に必要なこと

　不登校、ひきこもりなど、「生きづらさ」を抱えた本人や家族は、エネルギーがスカスカに枯渇するまで頑張っている状態なので、現状の受容や回復が大事だからといって、他者との比較や感情に働きかけても、結局は「現実を突きつける」ことになります。

　そのことで、ますます落ち込んだり、心身の状態がかえって悪くなるという、悪循環に陥る場合が多いです。

### 「受容・回復のきっかけ」を焦らずに待つ

　長い「生きづらい」状態から、受容や回復のきっかけが生まれるタイミングがあります。

　そのタイミングを掴むには、本人がまず、「家族が自分を理解してくれ、寄り添ってもらえている、ありのままの自分を受け入れられた」と感じることが必要です。

　そしてさらに、次の3つの条件がそろうことが大事になってきます。

● エネルギーが回復してきた、または徐々に高まってきた。

● 自分の意志で考え、発言するようになった。

● 他者との関係性が持て、情報を得ようと動きだした。

# 第2章
# 当事者の
# 体験インタビュー

　本章では、9人の方々に、生きづらさの当時を思い出しながら、また、当時には言えなかったことも含め、語っていただきました。そして、今のお気持ち、これからのこともお聞きしています。

（聞き手：大橋）

※本編の体験インタビューは、ご本人の思いを大切にして、ありのまま掲
　載しています。

# 自分の『黒歴史』
# を変えた

**みどり**（20歳・女性）不登校　　　　　　　　　　　　　〈岩手県〉

[家族] 非公開

---

### これまで

岩手県生まれの6人家族。人口の少ない地域で、小学校の同級生は11人。

小学校で入団していたスポーツ少年団が、居場所になっていた。

中学時代は、3年生を除いては何の面白みもなく毎日学校に通い、勉強もそこそこして、部活動にも打ち込んでいた。

人間関係に悩むことはあまりなかった。

中学3年生になり、病気をしたことで学校に行きたくないと思う日々が続いた。

### 病気になって、人の目が怖い

大　生きづらさを感じたのは、いつ頃からですか?

み　中学3年生の時に病気をして、通院しながら学校に行っていました。

　　病気の影響で見た目が違うというか、「病気かな」とわかるくらいに、顔色も土色で、弱々しそうで、人から見られるのが怖くなっていました。

　　病人っぽい自分が嫌で、なかなか受け入れられませんでした。

　　学校でも、友達や先生に心配そうに見られるのが、すごく嫌で本当は学校に行きたくなかった。

でも、そのことを親には、どうしても言えませんでした。

大　どうして、言えなかったのですか？

み　たぶん、話したら「どうして」って、聞かれると思って。
　　お母さん、お父さんは、何となく理由は察してくれると思うけれど、でも「どうして」とは聞いてくると思ったし、その「どうして」に自分は答えられないというか、もっと心配されそうで、それも嫌で言えなかったんです。

大　どうやって学校生活を乗り切ったのですか？

み　自分でも「学校を1日休んだらもう行けなくなりそう」に思えたし、中学3年生だから、高校の内申書に欠席が響いてしまうと思うと怖くて、休みたいけれど休めませんでした。
　　担任の先生と二者面談をする機会があって、その時に先生に自分の思いを話してみたら、いろいろと聞いてくれて、部活の友だちにも助けてもらいながら、何とか最後まで通えました。

大　その後、病気はどうなりましたか？

み　高校に上がる時には、病気は治っていて大丈夫でした。
　　高校生になってから、「自分は中学校3年生の時、学校に行きたくないっていう気持ちがあったな」と思い返し、自分は不登校にならなくて、良かったなと思いました。
　　それから「不登校」というワードに、興味を持ち始めました。

## 大学1年で不登校になる

大　不登校になったのはいつ頃ですか？

み　不登校になったのは19歳の大学1年生の時で、その年に大学を辞めました。
　　大学を選ぶ時に「不登校に関わりたい」気持ちがあったので、教育系の大学に行くか悩んでいたのですが、「卒業した後の就職のことを考えたら経済系のほうがいいかな」と思い、不登校に関係のない経済系の北海道の大学を選びました。
　　大学では経済の勉強をしていたのですが、久しぶりに不登校に

関する本を読む機会があって、「自分は経済の授業より、不登校や教育に興味がある」、「自分の関心が強いのは、不登校に関することだった」と気がつきました。

そんなモヤモヤした気持ちを抱えながらも、毎日大学には通っていたのですが、「不登校に自分は関わりたい」という思いが、だんだん強くなってきちゃって。

ある日を境に「あっ、もうムリ」となって、こんな気持ちを抱えたままで大学には行けないと思い、そこから行かなくなりました。

## 大学を辞めたい気持ちと、自分を責める気持ち

大　大学に行けなくなってからはどんな心境でしたか？

み　行けなくなった不安より、自分を責める気持ちのほうが強くありました。

　　大学に入るまでも、すごくお金がかかっていて、それなりに勉強もして入学したのに、結局「自分はだめなんだ」と。

大　休学という選択は考えなかったのですか？

み　わりとすっと、退学に考えがいきましたね。

　　私、実家を離れてひとり暮らしだったので、親から電話があっても正直、嘘を言えば全然バレずにいたんです。

　　学校に行かなくなったのが前期テストの1カ月前くらいだったんですが、前期テストのときには「学校辞めたい」という気持ちは固まり、前期で大学を辞めました。

## 「どうして、どうして」と聞かれても、答えられない

大　辞めたいと親に言うのは、勇気がいったでしょう。

み　そうですね。「辞めたい」と言えば、親に何を言われるかは想像できましたから、すごく気が重かったです。

　　でも、言わない訳にはいかないので、仕方なしに「学校に行っていないことと、退学したいこと」を同時に伝えました。

大　その時の、お父さんとお母さんの反応はどうでしたか？

み　やっぱり「なんで」「どうして」という反応がきました。
　　テストも受けていなかったので「テストを受けなさい」とか、
　　「休学ではだめなの」っていう感じで、結構わかりきったこと
　　を聞かれました。

大　その時は、言い合いになりましたか？

み　そうですね、少しなりましたね。

大　お姉さんは何か言ってきましたか？

み　お姉ちゃんには言ってないんですよ。私から連絡はしなかった
　　ので。
　　退学届とか書類の準備ができた時に、親がお姉ちゃんに話し
　　て、お姉ちゃんから私に電話がありました。

大　お姉ちゃんの反応はどうでしたか？

み　「なんで言ってくれなかったの」と言われました。
　　私は「学校をやめたいと話したら、お姉ちゃんにも『どうし
　　て』と親と同じようなことを言われると思ったから、両方から
　　言われるのは自分には耐えられないと思って、お姉ちゃんには
　　黙っていた」と話しました。

大　みどりさんの気持ちをわかってもらえなかったのですね。
　　そんな時には、どう接してほしかったですか？

み　たとえ「学校を休みたい」と言ったとしても、「どうして、ど
　　うして」と質問改めのように聞かないで、いい意味で待ってい
　　てほしい。
　　すぐに「どうして」と聞かれても、「いじめ」だとか、言えな
　　い子もいると思うんです。
　　明らかにわかるような理由があっても、自分みたいに「モヤモ
　　ヤしてよくわからない」、理由を聞かれても「わからない」と
　　いう子もいると思うので、ほっといてほしいというか、少し
　　待ってほしい。

大　反対にしてほしくないことは、どんなことですか？

み　家族にしてほしくないことは、「問い詰めたり、心配しすぎること」。

　　それがまた、さらに負担になってしまうので、それはやめてほしい。

## 『黒歴史』が変わった瞬間

大　不登校になった時は、誰かに相談できましたか？

み　不登校になった時は、親とか友達じゃなくて、以前に知り合っていた人にずっと相談していました。

　　その人は、わが子の不登校を経験しているお母さんだったので、私の気持ちをわかってもらえるかなと思いました。その人からずっとアドバイスや励ましの言葉をもらって、大学生の頃はよく支えてもらっていました。

　　北海道の大学から実家に帰ってきた時は「不登校は黒歴史」という思いがまだあったのですが、少しずつ落ち着いてきました。それから少しして、大学生の人と話をする機会があって、その人に「私にも学校に行きたくないとか、行かなかった時期があったんですよ」と自分の過去を話せたんです。

　　自分の中で「不登校という過去は、自分の中ではもう黒歴史じゃなくなってるな」って、思えました。

　　自分のことを発信してみたいと思い始めていた頃だったので、人に自分のことを話すのはちょっと恥ずかしい気持ちもありますが、「その気持ちわかるよ」みたいに話を聞いてもらえると、「自分って話せるかも」って思えるようになりました。

大　不登校を経験する前の自分と、経験した後の自分のどちらが好きですか？

み　不登校を経験した後のほうですね。

　　いまは、結果がどうであれ自分の気持ちに、素直になりたいって思えるようになりました。

大　不登校新聞は、どのようなきっかけで知ったのですか？

み　ツイッターで、不登校新聞（注1）に関っている人に声をかけ
　　ていただいたことがきっかけです。
　　自分ひとりの力ではなかなかできない部分も多いので、誰かの
　　力を借りれたら前に進めるかなと思って、不登校新聞編集会議
　　に参加してみました。
大　これからどんな活動をされたいですか？
み　これから自分が、どう進んでいけばいいのかまだわからないの
　　ですが、誰かの力を借りながら、自分の思いや経験を発信して
　　「不登校や生きづらい状況の子どもたちや親御さんと関わって
　　いきたいな」と思っています。

（注1）全国不登校新聞…日本で唯一の「不登校の専門紙」。子どもの本
　　　　音、親の体験記、学校以外の居場所、親の会の情報を掲載。詳し
　　　　くはP113参照。

# 生きづらさの声を
# 発信していきたい

さゆり（19歳・女性）不登校 〈神奈川県〉

家族 父 年齢非公開、母 年齢非公開、妹 17 歳、弟 15 歳と 12 歳

---

**これまで**

不登校は、小学校、中学校、専門学校と 3 回経験。

実家は神奈川県。家族 6 人と大家族なので落ち着かず、現在は同じ県内で、父と 2 人暮らしをしている。

---

**男子からのいじめが、トラウマになる**

大　不登校について教えてください。

さ　はじめての不登校は、小学 5 年生の時です。

　　クラスの男子からいじめを受けて、教室に入るのが怖くなってしまい、それから 1 年間くらいは別室登校をしました。

　　2 回目は、中学校 3 年生の時です。

　　夏休み明けに行き渋りが始まって、本格的に行かなくなったのは 10 月から。

　　そのあと卒業まで行かなかったです。

　　3 回目は、いまから 2 年前の、高校を卒業後に進学した美容の専門学校の時です。

　　入学して、2 週間で行けなくなり、6 月に辞めてしまいました。

大　生きづらさの原因みたいなものはありますか？

さ　何だろう、たぶん私の中の生きづらさの根源にあるのは、「人からどう見られているんだろう」と気にしてしまうところにあ

ると思います。

それと、小学5年生の時に受けたいじめが、すごいトラウマとしてあり、今でもちょっとしたことで思い出し、とても嫌な気持ちになってしまいます。

そのトラウマからか、中学校でも周りにこころを開けなくて。中学で学校に行けなくなったのは、最初は先生とか校則とかそういう問題かと思ったりもしていたけれど、なんかモヤモヤしていて、はっきりとした理由が思い浮かばなかった。

でもつい最近になって、小学5年生の時のいじめのトラウマがきっかけで、私が周囲にこころを閉ざしてしまったことと、「自分の本心を出したら、またいじめられる」と、頑なに思い込んでしまって、周りの望む自分でいなければいけないと思っていたことを、思い出しました。

専門学校でも、「周りに合わせなくちゃ、社交的な自分でいなくてはいけない」みたいに思っていたし。

特に専門学校は女子だけだったから、社交的な感じを維持していないと嫌われる、ちょっとでも周りから外れたらやっていけないとか……。

そんなプレッシャーと、美容業界特有の上下関係とか、そういったことがいろいろと重なって、「ちょっと無理だな」と途中から感じていました。

精神的にも体調もギリギリになり、キャパオーバーになって、とうとう行けなくなりました。

どうしても自分は、「周りから、どう見られるか」を気にしてしまう。

「周りの思い描く自分にならなくちゃ」との思いが強いから、自爆してしまうみたいです。

## 先生にはじめて、抵抗できた

大　誰かに何か、言いたいことはありますか？

さ　中学校の先生には、嫌な思いをさせられました。

　　中学校は、地元では頭のいい、まじめと言われている学校でした。

　　実際に頭のいい生徒も多かったので、少しでも成績が悪いと、教師からいろいろ言われるのです。

　　私は実際に言われたし。

　　当時、夢があってそれを目指していたら、教師に知られて、「現実を見なさい」「好きなことばかりやっているのは甘えだ」などと言われました。

　　勉強ができる・できないの物差しでしか見ていない先生がすごく多く、それは本当に嫌でした。

　　何でこの人たちは、ひとりの人間として生徒を見られないんだろうと、いつも怒りを感じていました。

　　本当は先生に反抗したかったけれど、できなかった。

　　でも、はじめて先生に反抗できたのが不登校になってからで、先生から自宅に電話がかかってきて、「卒業式に出ないか」と言われた時に、「いまさら何ですか、行かれなくなったのは誰のせいだったと思っているのですか、あなたとは会いたくないし、行く気もありません」と言えた。

## 見た目で判断されるのが、つらかった

大　どんなことに生きづらいと感じていますか？

さ　私は、見た目で判断されることがすごく多くて、高校生の時は素がけっこう社交的なのでそれを前面に出していました。

　　地元の公立高校で不登校になって、それから通信制高校に通っていた時に、私が「中学の時、不登校だった」と言うと、「えっ、見えないよ」「どうせリア充（注2）してるんでしょ」とか、めっちゃ言われて。

　　それはそれで嬉しかったんだけれども、なんか嫌だなあと思っていました。

　　美容の専門学校の時の不登校がきっかけで、当事者会とかフ

リースペースに顔を出すようになったんですけど、そこでも不登校の話をすると「見えないよ」とか、「ホントなの」とすごく言われてしまう。

私が生きづらさの問題があると言っても、見た目で判断されて「えっ、そんなのないでしょ」とか、「そんなこと言ったらマイナスだよ」と言われることが実際多かった。

「そういうことが、生きづらいなあ」と自分では思っていますね。

## 支援臭がないところがいい

大　誰かに相談できましたか？

さ　いままで、大人に助けを求めても、助けてもらえない経験のほうが多かったから、親にも先生にも相談しようとは思わなかったです。

私を助けてくれたのは友人で、「友だちに救われた」と思っています。

大　もし頼れる支援があったら、頼りたいと思いましたか？

さ　そうですね、支援臭がないところだったらいい。

なんか、がっつり「サポートしますよ」とか、「支援するよ」って感じだと、「そんなに私は弱者なのか」「そんなに私はダメなのか」と思っちゃうから、余計モチベーションが下がってしまう。

上から目線で、こちらのことを知りもしないのにわかったように言われるのが、本当にイヤ。

大　どんなところだったら、行きたいと思いますか？

さ　支援臭がしないで、フランクに接してくれる大人がいるところだったら気軽に居場所として通えますね。

大　いま通っている場所はありますか？

さ　渋谷で開催している 10 代限定の「バスカフェ」（注3）には、毎週水曜日に行っています。

そこは支援支援していないし、友だちもできるし相談もできる。

相談しても軽く「これから一緒に考えていこう」という感じ。

## 自分の当事者意識を大切にしている

大　いま夢はありますか？

さ　私がいま大事にしているのは、当事者意識を持つこと。

　　その目線で発信して、声を上げられない人たちの声を拾い上げたい。

　　そういうことを発信できる編集者になりたいと思っています。

大　だから不登校新聞に関わっているのですか？

さ　そうです。不登校新聞のいまの立場から編集長を目指したい。

　　そして、当事者の声を編集者として発信したいと思っています。自身も不登校の当事者で、現在ひきこもり女子会を主宰している林恭子さんが理想です。ああいう人になりたいです。

大　さゆりさんの今までを振り返ってみて、どう思いますか？

さ　「結果的にはよかったのかな」と思う。

　　「不登校ありきで、いまの自分があるのかなあ」という気はしています。

　　「不登校自体をマイナスに捉える必要はないかな」と私は思います。「不登校時代はそんなに悪い時間ではなかった、自分と向き合える時間だったのだ」と思えるし、学ぶことも多かったし、吸収することもたくさんあった。

　　「これまでいろいろあったけれど、別に悪い人生ではなかった」と思う。

大　今回、取材を受けてくれたのはどうしてですか？

さ　「自分の不登校の経験を、もっと世間に知ってもらいたい」と思ったし、「自分自身も学びたい」との気持ちからです。

　　自分のことを話して、考えてくれる人が少しでもいてくれることが嬉しいです。

（注2）リア充…現実の生活が充実していることを指す、ネット造語。「リアル（現実）の生活が充実していること」という意味で使われる。

（注3）バスカフェ…10代向けの無料カフェ。改装したバスを拠点に、東京の渋谷、新宿で定期的に開催。

# 生きることに不安
があった

**劔持智昭**（35歳・男性）ひきこもり　　　　　　　　　　　　〈静岡県〉

家族　父 享年58、母 63歳、兄 37歳

## これまで

静岡県生まれ。地元の小学校を卒業後、私立の中学校に進む。

親は優秀な県立高校への受験を望むも、期待に応えることがで
きず、すべり止めの私立高校に進学。

高校生活は、大学受験が不安で勉強が身につかなかった。

大学はすべり止めの理系私立大学に進学するも、4年で退学した。

退学後、1年浪人して、農業系の県立大学に編入する。

農業系の県立大学時代は、親元を離れて静岡県でアパート暮ら
しをしていたが、その時にひきこもりになる。


## 目の怪我をどう見られているのか、不安だった

大　ご家族は仲が良かったですか？

け　家族関係は悪くないです。ただ、コミュニケーションの部分で
　　うまくいかないことが多かったですね。父と母の夫婦関係も、
　　親子関係も。

　　父親は優しく陽気な人で、小さい頃はいろんな所に連れて行っ
　　てくれたし、いろんな話をしてくれました。

　　そんな父に対しても、自分は性格上、正直に何でも話したりは
　　できなかったですね。

　　兄とはちょっとあって。僕は目を怪我しています。

この怪我は、兄が中学の陸上部の同級生たちと遊びに行ったときに、自分も一緒について行ったのですが、その時にできたものです。

別に兄に責任がある訳ではないのですが、兄は負い目を感じているようです。

母親も、私が怪我をしたことを心配し、将来を気にしてくれていました。

よく見ないとわからないほどの怪我かと思うのですが、自分ではやはり「人にどう見られているのか」が気になります。

ですので、「目の怪我がひきこもることと関係がある」と、自分では思っています。

いまは兄とは普通に会話できていますが、兄はどう接していいかわからないようで、気をつかってくれています。

そういったことがあったので、母も自分の将来のことや、これからどうしていったらいいかを考えてくれて、いろいろと言ってくれている部分があると思います。

## ここからどう立ち上がったらいいのか

大　生きづらさはいつ頃からありましたか？

け　子どもの時から自分は、「社会に出て、生きていくことに不安や疑問」がありました。その答えを自分の中で見つけようとしてきたのですが、ずっと見つからない。

大学生になっても、見つけられないままにいました。

大学卒業後の進路も決められず、大学でお世話になった先生方にも、家族にも誰にも言えないまま、「社会に対する負い目」に苦しんでいました。

親元を離れてアパート暮らしをして、ひきこもり状態になって1年程したころ、心配した母が訪ねてきました。

部屋は荒れ放題、ゴキブリの巣窟と化し、精神的にも肉体的にも危険な状態でした。

その光景を母が見て驚き、母の助けで実家に戻りました。

大　ひきこもりの中で考えていたことは、どんなことでしたか?

け　いろんなことを考えていました。

「自分がここからどう立ち上がったらいいかな」とか。

自分と同じような状況の人もいると思うし、自分ひとりの人生じゃない感覚は結構持っていました。

「その人たちのためにも、ここからどう立ち上がったらいいのか」と考えていましたし、漠然と自分がこれから生きていく中で、「どんな人生を歩んでいくのか」とも考えていました。

また、母親や、自分のことを心配してくれた人、期待してくれた人にも、「恩返ししたい」という気持ちもありました。

大　生きていたくないとは、思わなかったのですね。

け　僕はどちらかというと、自殺したいとはあまり考えないし、そういうタイプではないですね。

## 地元友人との出会いで、思いが叶う

大　回復のきっかけはどんなことでしたか?

け　29歳の時、ひきこもり状態から回復するための情報をいろいろ探していました。

インターネットで、「自分にできることは何かないか」と探したり、自分なりに勉強もしていました。

「自分の経験とか考えが、同じように困っている人の役に立つことはできないか」、「かといって、自分にはそういった力がないし」、そんなことをずっと考えていました。

ゲーム配信にも興味があったので、よく視聴していましたし、自分でも配信にチャレンジしたこともありました。

母親の仕事の関係で、証券会社に自分名義の口座があったので、株の勉強をしたり、株式投資をやってみたりもしました。

遊んでいたゲーム会社の株を買って、少し儲けた時は楽しかったです。

そのうち、インターネット上で出会った人と外で会ったり、イベントに参加して参加者と仲良くなったりもしました。

外に出て人と会うようになったのはそれが初めてでした。

そういったタイミングで、私のSNSの投稿をきっかけに、「ひきこもりのコミュニティCOMOLY」（注4）をやっていた山田君から連絡がありました。

彼とは、元々地元の小・中学校の同級生で、お互いのことをある程度わかっていたことも、よかったと思います。

COMOLYの目的は、「ひきこもりの方々の埋もれてしまった可能性を引き出し、それらを実現させるパワーで、社会にポジティブなインパクトを与えること」です。

自分は、プログラミングの勉強をしていて、現在は東京で山田君と活動しています。

## 自分らしくやっていきたい

大　親に対して言いたいことはありますか？

け　自分は、子どもの頃から「社会に対しての不安や疑問」がずっとあって、「そんなことを思っているのは自分だけなのか」、「自分は周りの人と違っているのではないか」という不安がいつもありましたから、自分の考えていることは、家族にも誰にも話せないでいました。

自分は、「周りを気にするタイプ」なので、それもよくないと思っていました。

「自分が変わらなきゃ」という思いで、あえて母に喧嘩を挑むこともありました。

そんな自分のことを、母にだけは、わかってほしいと思っています。

母は、自分のいる東京に月に一度来てくれます。

あれこれ言ってくるのは、自分のことを心配しているということはよくわかるのですが、「コントロール、管理」しようとしてくるので、それがすごくつらい。

コントロールされると、ストレスになってしまう。

それが昔からずっとあったので、「自分はコントロールされるのがとても嫌だ」ということをわかってほしい。

いま、「自分で、自分らしくやっていきたい」との思いがある。

しかし、母のどんな言葉を聞いても、それに応えてあげたいという強い気持もあるのでつらい。

でもそれをやってしまうと、自分を殺してしまうことになるので、自分の人生を生きていくには、「自分の考えを見つけて動くこと」が大事だと思う。

それをわかってほしい。

## 感謝している

大　同じく苦しんでいる人に、メッセージはありますか？

け　その人の人生だから、自分で自分を認めることが大事。

　　自分はひきこもりのつらさがわかるから、それを伝えていこうと思います。

　　いろんな人に感謝している。

　　自分のような、こういう人がいてもいいと思っています。


（注4）ひきこもりのコミュニティCOMOLY…ひきこもり当事者向けに在宅でできる仕事や当事者経験者同士で繋がるコミュニティを提供。詳しくはP139参照。

# セクシュアリティーを
# 言えない生きづらさ

**おがたけ**（42歳・性別は非公開）　　　　　　　　　　〈埼玉県〉

ひきこもり　発達障害　摂食障害　ネット依存

性的マイノリティー（注5）　聴覚情報処理障害の疑い

家族　父76歳、母享年61、兄46歳

## これまで

小学5年生の時に不登校がはじまり、中学生でも時々不登校。
高校は1年生の夏休みから行かなくなり、休学や留年をして2回目の高校1年で中退。
その後18歳で通信制高校に行き、20歳で卒業。
摂食障害は15〜30歳までの間、断続的にあった。
典型的な痩せ願望で、大量に食べては吐くのパターンを繰り返す。
ひきこもりの期間はバラバラだが、大まかにいうと25歳〜27歳。
母は10年前に他界。兄は独立して別居。現在父と2人暮らし。

## 「オカマ」とからかわれる

大　子どもの頃の話を聞かせてください。

お　小学校に入学したあたりから、「男の子は運動ができて当たり前」という空気やプレッシャーを感じ、体育の授業で活躍できずにいた私は「うまくできないと嫌われてしまうのではないか」という不安を感じていました。

体育の時間は、ドッジボールをやることが多く、力いっぱい投げつけてくる同級生の男子は、ほんと怖かったし、私が標的に

されているようで嫌でした。

周りから、次第に「オカマ」とからかわれるようになっていきました。

そのころテレビで、ニューハーフを面白おかしく取り上げる番組が流行っていたので、その影響だと思います。

「オカマ」と言われてしまうと、肯定も否定もできなくて、身動きが取れない状態でした。

抵抗すれば、「オカマ　オカマ」とさらにエスカレートしてくるので、もうどうしていいかわからなくなっていました。

大　家では、どのように過ごしていましたか？

お　父と4歳上の兄は、大の野球好きだったので、夕食時のテレビはいつも2人に独占されていました。

兄には、私の創作したものや立ち振る舞いをいつも冷やかされていました。

私は、虫や昆虫が苦手だったので、ゴキブリが出てきた時に、怖くて騒いでいたら、父に「男がそんなことでどうするんだ、将来結婚して奥さんを守れるのか」と怒鳴られました。

私は、「結婚なんかするもんか」と心の中で叫んでいました。

大　中学高校ではどうでしたか？

お　中学1年生の時、クラスの同級生たちから「ホモ」「オカマ」と囃し立てられ、廊下に出されたことがありました。

その時、担任の女の先生が「やめなさい」と制止してくれたのですが、次の言葉が「やめなさい、この子はみんなと同じようにちゃんと女の子が好きな男の子なんだから」と。

いまでも、その時の光景はよく覚えています。

### 「ひきこもり相談」に行ってみた

大　ひきこもりの時期が長くあったようですが、どこかに、相談に行ったのですか？

お　私が32歳の時に、保健所で相談をやっていることを知ったの

ですが、まず電話での予約が必要だったので、電話が苦手な私にはハードルが高くて、その時は諦めました。

それからしばらく経って、保健所で相談ができることを思い出し、勇気を出して行ってみました。

はじめに、東松山市保健所の保健予防推進担当の精神保健福祉士さんに現状を話し、そのあとに中年女性のカウンセラーさんのカウンセリングを受けました。

カウンセラーさんから、最初に「言えないこと、話したくないことは話さなくていいですから」と言われたのですが、自分の抱えている「セクシュアリティー」（注6）について話さなくては始まらないと思っていたので、話す覚悟はしていました。

あと、「話が通じる人か」を試すために、わざと通じにくそうな言葉を使い「セクシュアルなことでつまづいて、ひきこもる人っているんですか」と聞いてみました。

すると「いっぱいいますよ」とすぐに話が通じたので、これはわかってくれる人だと思い、「実は同性愛者なんです」と明かしたら、カウンセラーさんと精神保健福祉士の人が「ああ」とうなずき、「そういうことね」という反応だったんです。

それが、相談の場では初めてのカミングアウト体験でした。

カウンセラーさんは、しっかり話を聴いてくれ、私も言いたいことを全部吐き出すことができました。

「あなたの場合は、認知に歪みがあるわけでない。それより、社会の差別や偏見のほうが問題ですよね」と言ってくれました。

はじめに対応してくれた男性の精神保健福祉士さんは、年齢も自分と近そうで話しづらいと感じていたので、もしそこで帰っていたら、「行政の窓口」はやっぱり使えないなとなったかもしれません。

「行政の窓口」は、どんな人が対応してくれるか運次第なところが、たしかにあると思います。

でも、わかってくれるカウンセラーさんなどの支援者もいるので、行ってみたほうがいいと思います。

## 苦痛だった、母との関係

大　親との関係は、どんなでしたか？

お　最悪でした。

うちは、父が牧師でプロテスタント教会の家でした。

私が2階の部屋で「ひきこもって」いる時、1階では礼拝が行われていて、そこから讃美歌が聞こえてくるのがすごく嫌だった。「うつうつ」としている母が、突然ハッとした表情で、私にじりじりと近づいてきて、「いいかい、イエス様はいるんだからね。イエス様を信じていれば天国に行けるんだよ、いいかい、わかったかい、どうして何も言わないの」と、自分に語りかけるのがつらかったし、母の信仰が息苦しかった。

気分転換に出かけて、気分もよくなり、楽しい気持ちで家に帰ってきても、母と顔を合わせると「そろそろ動かないと、仕事を探さないと」と言われてしまい、外で満たされてきたエネルギーや前向きな気持ちも、一気に底の底まで下がってしまい、また私はすぐさまうつうつとした気分に戻ってしまいました。

当時、いろんなことが絡み合っていて、「そりゃ、この人生じゃひきこもるわー」と生きづらさを感じていました。

大　なかなか、つらい環境でしたね。

お　そうでしたね、その母も2011年に亡くなりました。

それから、母へのわだかまりは少しずつ薄まっています。

いまは思い出したくないし、思い出さないよう、忘れるようにしています。

## 「外に出る、こもる」のくりかえし

大　「ひきこもり」の時期は、どんなことをしていたのですか？

お　昼夜逆転していました。2004年〜2006年のその頃はインターネットはまだそれほど発展していませんでしたが、SNS

は日常的にやっていました。

ネット時代になってからは、ネットばかりやっていました。

「ネット依存」ですね。

ネットを次から次へと見てしまい、画像を保存する、見たいサイトが溜っていく、その繰り返しでした。

ポルノ画像もそうでした。

それに飽きてくるとほかの画像にハマる。

過剰になると、どんどん深みにはまっていきました。

大　「ひきこもり」から外に出るきっかけは、何でしたか？

お　父に連れられて、父の友人の牧師のカウンセラーさんのところに行ったことがありました。

その人に「いましかできないこともあるものね」と言われ、それが本を読むことに繋がったと思います。

でも読書は苦手で、本を読もうとすると、過去の傷ついた体験や嫌な場面が思い起こされ、それが邪魔して、全然読み進めることができなかった。

スーザン・フォワードの『毒になる親』は、まさに自分が自分の親にされたことが次々に思い出され、フラッシュバックの連続でした。

あまりにも読み進められないので、障害を疑ったりもしました。

大　外には出られたのですか？

お　その頃はまだ、「回復しては、図書館に行く」、「また、ひきこもる」といったかんじで、１週間とか、１カ月とか、３カ月くらいの期間で、何かをやり始めて、一気に集中してはやめる、そんなことを繰り返していました。

その傾向はいまもあります。

どうしてそうなるか考えたのですが、飽きてしまうからなのか、誰かと一緒にやっていないからなのか、原因はわかりません。

大　何がきっかけで、安定してきたのですか？

お　虫歯が痛み出して、治療のために歯医者通いをすることになりました。

診察が終わるとまた、来週の同じ時間帯に予約してくる。

それを繰り返しているうちに外にも出られる。

ひとりで街をフラフラ出歩くことができるようになりました。

## 「発達障害」診断でほっとした

大　発達障害は、いつわかったのですか？

お　39歳の時です。

30歳頃から、「アスペルガー」（注7）という言葉は知っていました。

本を読んでも何も頭に入ってこなかったので、「これは何かの障害かなあ」と思っていました。

37歳の時、どうしょうもなくなり、地元の精神科に駆け込み、心理テスト、発達検査を受けたら、「数値上では定型発達の域で、診断を出すなら不安神経症」と言われました。

そして2年後の39歳の時に、「うつ病」のように気持ちが落ち込み、病院に駆け込むとようやく「広汎性発達障害」と診断されました。

大　「発達障害」と診断されて、ほっとしたのですね。

お　そうですね。

いままでずっとモヤモヤした思いがあったわけですから。

「発達障害とうつ病」の診断で、障害年金をもらっていますが、もらえることでメンタルにもいい影響がありました。

小さい買物をしても口座にまだお金があると思うだけで、「失敗しても大丈夫」と思えるようになったからです。

いま困っていることは、人の言葉が聞き取りづらいことです。

具体的には、相手の話の文脈や意図をつかむのが弱いところです。

## 「ドウモ」トレーニング

大　コミュニケーションも努力されたのですね。

お　ご近所さんに「こんにちは」と挨拶されても、「こんにちは」と返したつもりがロパクでした。

　　これはまずいと思い、それからスーパーのレジで買物をした時にまず「ドウモ」と言うようにしました。

　　何があっても「ドウモ」を言い続け、そのうち「84円ですね」とか、「1万円からでいいですか」と言うようにしていました。

大　おもしろいトレーニングですね！

お　それで人前でも、声が出せるようになりました。

大　いまはどんな生活をされていますか？

お　「性的マイノリティ」と「ひきこもり」、その2つのテーマで、人の輪ができないだろうかとずっと考えています。

　　というのも、都心部ではさまざまなスペースやイベントがありますが、交通費や満員電車を考えると、なんとか地元でできないかと思うようになり、2015年に地元東松山で、「東松山・不登校ひきこもりコミュニティスペース Queer Lounge H（クィア・ラウンジ・アッシュ）」（注8）をつくりました。

　　私が調子を崩したことなどから、これまで2度ほど休止しましたが、2020年10月7日に再開して現在継続中です。

　　安定した運営ではないかもしれませんが、今後もやっていこうと考えています。

　　あと3年ほど前から、内職をしています。

　　遮音継手といって、L字形の水道塩ビ管にフェルトのような生地を巻いて、テープで止める作業です。

　　集合住宅で音を遮断するためのもので、たまたま前任の人が辞めることになったので、私がやらせてもらうことになったものです。

大　いま気をつけていることは、何かありますか？

お　最近は「トラウマや怒りや恥、過去の傷ついた経験などを見つめすぎない、言葉にしない、掘り返さない、うっかり見てしまっても目をそらす」。そのように意識しています。

　　でも、これができるようになったのは、加齢でエネルギーが落ちたことと、障害年金をもらえるようになった「気持ちの安定」による影響が大きいと思います。

（注5）性的マイノリティー…自分の性に違和感を覚える人や同性が好きな人、または性同一性障害などの人々のことをいい、「セクシュアルマイノリティー」、「性的少数者」とも言う（参考：法務省人権擁護局）。

（注6）セクシュアリティー…広い意味では、「人間の性のあり方」を意味する言葉で、恋愛や性的な対象がどのような性別に向くかを意味する。

（注7）アスペルガー症候群…発達障害のひとつ。社会性・コミュニケーション・想像力・共感性・イメージすることの障害、こだわりの強さ、感覚の過敏などを特徴とする（参考：厚生労働省 e −ヘルスネット）。

（注8）Queer Lounge H 東松山…埼玉県の東松山市市民福祉センター・ソラーナで月 3 回ほど、不登校・ひきこもり・LGBT をテーマに居場所活動を行っている。詳しくは P149 参照。

# 家庭崩壊から守り続けた姉妹

**ひろみ**（54歳・女性）ひきこもり　うつ　　　　　　〈東京都〉

家族 父85歳、母 享年70、姉56歳、妹51歳

---

**これまで**

1970年頃に東京都狛江市から世田谷区に引っ越して、親子5人で母方の祖父が建てた家で暮らす。

1999年に母の定年をきっかけに両親が離婚をして父を追い出す。同時に世田谷区内のマンションに、母と私と妹の3人で引っ越し、それ以来、父とは音信不通。

母は2006年に他界。姉は結婚して奈良県住まい。

現在、妹と2人暮らし。

**働かない父**

大　どんな、ご家族でしたか？

ひ　私が物心ついた時から、父と母の関係はギクシャクしていて、私は5歳くらいの頃から父を避けるようになり、中学生の時は口もききませんでした。

　　父は、働くことが嫌いで自分の気分で仕事をしていたような人でした。

　　母方の祖父母がいたから、私たちは餓死しないで生きてこられたのだと思っています。

　　父はとても高圧的な人で、「父親だから偉い」と思っているような人でした。

子どもごころにも、「よその家の父親は、父親としての責任を果たすから偉いのだろうに」と、思っていました。

母は、日々の生活をルーティンのようにこなしていて、外から見ると一見何の変哲もない、ごく普通の家庭のように見えたと思います。

母は好きだけれど、母の生き方は嫌い。

「結婚生活にピリオドが打てなかった母、あまりにも自分を卑下して、誰々の妻、誰々の母と、自分の生き方をしていない自信のない母」は、嫌いでした。

妹のことは、本人でないとわからないことなので、私からは何も言うことはありません。

姉は若い頃に、家が嫌で新興宗教にはまって、姿をくらましたことがありました。

## 父から母を守りたい

大　小さい頃の思い出には、どんなことがありますか？

ひ　楽しい思い出はないですね。

家族で旅行に行ったことは一度もありませんし、それどころじゃないって感じでした。

だらしのない父と、そんな父に何も言えない母を見て、「母を守らなくては」と。

崩壊寸前のこの家を何とか食い止めようと、私たち姉妹三人は団結して母を守るのに必死でした。

その時の、姉妹の団結力はすごかったです。

戦友のように強い絆でした。

でも、毎日毎日、そんなことばかりを考えていた子どもだったので、子どもらしく振る舞うことはできなかった。

いつも大人を要求されて生きていましたから。

両親は、自分の困りごとを相談できるような、信頼できる大人ではなかったから、じっと我慢するしかありませんでした。

いっそのこと施設で過ごしたかった。

子どもの頃は「本当の親が迎えに来てくれないかなあ」と、いつも夢を見ていました。

大　不登校には、誰もならなかったのですか？

ひ　それどころじゃなかったです。

姉妹が普通の家庭を演じるのに必死だったので、不登校なんてしたくても出来なかったです。

とにかく、「普通の家庭に見せなくてはいけない」と、役割を演じていることで精いっぱい。

体裁を繕うために必死だったから。

だから私、反抗期がなかったんです。

だって、母を悲しませることはできなかったから。

大　すごいストレスだったでしょうね。

ひ　小学4年生くらいから「うつ状態」だったので、それがフツーすぎてよくわからない。

その頃から、バレーボールの観戦に夢中になったり、バンドの追っかけをしたりして、ストレスを発散していましたね。

## うつ状態、そして35歳でひきこもる

大　中学、高校時代はどうでしたか？

ひ　高校生の時に、スーパーでレジのアルバイトをしていました。

高校を卒業したら、アニメーションの学校に行きたくて、お金を貯めていたのです。

そして、代々木にあるアニメーション学校に行きました。

大　その後はどんなことをしていたのですか？

ひ　20歳で最初の就職をし、そこでは「仕事のできるひろみさん」と、もてはやされていい気になって、会社に居場所を見つけました。

写真の焼き付けをする仕事をしていましたが、時代とともにコンピューターシステムになり、退職することになりました。

次に勤めたのが小さなアパレル会社で、社員として働いたのですが、そこの社長がワンマンな人で、相性が合わずクビになりました。

それがきっかけで「うつ状態」になり、精神科へ。

その時は、本当にきつかったです。

ちょうどその頃、好きなバンドも解散してしまったので、心の持って行きようがなかったし。

大　それは大変な経験でしたね。

ひ　当時35歳で、自分にスキルがないと仕事は難しい頃だったし、再就職するには難しい壁がありましたね。

なので、私は正社員、社会復帰を諦めました。

そして、そこから「ひきこもり」ました。

大　生活するお金には困りませんか？

ひ　生活に困ったら、働くようになります。

ただ「うつ状態」があるので、1日行くと、翌日は行けなかったりと。

行っても、3日くらいでやめたりで、仕事を転々としています。

祖母が残してくれた多額の現金は、本当にありがたかった、まじで。

## 妹がひきこもる

大　妹さんが「ひきこもった」のは、いつ頃ですか？

ひ　私と妹はすごく仲がよかった、まるで戦友のように。

その妹が、30歳でひきこもりました。

父は、妹を小さい頃からいじめていました。

「お前はいらない子だ」とか、存在すら否定するような暴言を吐いていました。

妹は就職をして、仕事も頑張っていてよくやっているように見えましたが、会社での人間関係が原因で、仕事を辞めて家に居るようになりました。

父は、自分は働いているのに、働きもしない妹を見て、腹立たしかったみたいです。

私が妹をかばううちに父と対立するようになり、それが原因で父と母は離婚しました。

だから、離婚したのは私のせいかもしれません。

そんな母も、15年前に癌で亡くなりました。

母が亡くなった時、私も一緒に死にたいと大泣きしました。

父とは、音信不通です。

もういいです。「会いたくもないし、何があっても関わりたくないから」。

大　お姉さんは、どうされていますか？

ひ　姉は結婚して、奈良に住んでいます。

いま、私と妹は一緒に住んでいるので、姉が気にかけてくれて、2〜3日に1回はファクシミリで、イラスト入りの日誌のようなものをやり取りしています。

姉妹三人は、仲がいいです。

妹は、元々おしゃべりだったので、よくしゃべっています。

昔のことを少しずつ告白するようになりましたね。

妹には「小さい時に守ってあげられなかった」という思いがずっとあります。

## 自分の生きづらさに向き合う

大　自分の生きづらさと、どう向き合い、折り合いをつけてきましたか？

ひ　小学生の時から「消えたい」と、思っていました。

ずっと、死を考えて生きてきた感じですね。

生きづらいのがフツーなので、渦中にいる時には何も感じなかったです。

「自殺したい」と思ったのも、わりと最近。

「明日死のう」と思いながら、今日を生き延びている感じです。

「50歳になったら死のう」と、漠然と考えていましたから。

数年前に、ゲシュタルト療法（注9）の岡田法悦氏に出会ったことはとても大きかったです。

それが、いい転機になりました。

グループワークだったのですが、わあーと気持ちを吐き出しているうちになんだかラクになって。

「自分を殺したいと思うほど、実は親を殺したいと思っていて、殺したいと思うほど愛されたいと熱望していた自分がいた」。

いま思い出しても涙が出ます。

この出会いがなければ、私は50歳で死んでいたと思います。

だから、いまはおまけの人生なんです。

大　「ひきこもり」については、どんな思いがありますか？

ひ　一口に「ひきこもり」といっても千差万別、型にはまった支援ならいらない。

就労だけが支援じゃないし、それよりも定期的な見守りをしてほしい。

自立支援医療受給者証（注10）を、出してもらっています。

負担が0円なのは、やはりありがたい。

障害年金も受給していますが、年金支給額と、やっとのことで勤めた週3日のパート賃金で何とか生活を賄っていたのが、2年に一度の更新時に一般就労とみなされ、支給額が半額になってしまいました。

本当は、週3日のパートから、体調を見ながら少しずつ日数を増やして「社会復帰」を目指そうとしていたのに……。

年金額を半額に減額されて、週3日のパートも今後続けていけるのかと、不安しかなかった。

「社会復帰」を頑張って目指したことが、裏目に出た感じがしてなりません。

支援と言いながらも、このような落とし穴にはまっている人も

多いのではと思う。

「ひきこもり」の渦中にいると、自分の立ち位置がわからなくなる。

たぶん、親もそう。

本人は、今日生きるのが精一杯のサバイバル。

だから、「受けられる支援は受けましょう。他人の手を借りましょう」と言いたい。

## いまの生活はまあまあ

大　今はどんな生活ですか？

ひ　私は、出会う人にいい人が多かった、ラッキーだったと思う。それは本当に思っています。

最近、占いをしてもらったら、私には癒しのパワーがあると言われたのは嬉しかった。

ラッキーアイテムも取り入れてみたら、いいことが起きていて、この取材も、そのノリで受けました。

大　これからやりたいことはありますか？

ひ　自分が当事者として経験してきたことを、いま渦中で悩み苦しんでいる家族を含め、当事者に伝えることで、１日でも早く回復に向けて動ける環境づくりに関わることをしていきたいと考えています。

大　具体的には、どんなことですか？

ひ　2016 年に、ひきこもり UX 会議（注11）さんと出会って、「ひきこもり女子会」の存在を知りました。

そこには、「自分の育った環境が悪かったから、自分のつくる家庭は温かいものにする」と断言して、「ひきこもり」を卒業して婚活に励んでいる方もいるし、女子会に参加したことで「発達障害」がわかり、それを生かすために大学に進学を決めた方もいます。

そういう人を見ていると、女子会の大切さを改めて感じます。

そういったことに、関わっていくということです。

大　いろんな人を見て、思うことはありますか？

ひ　そうですね、女性のほうが強いと思う。

スッキリすると次のステップに行く人が多い、自分を癒す力が
ありますね。

男性の母親が大変ですね。

冷たいかもしれないけど親離れ子離れはしたほうがいい。

親も自分の人生を楽しんだらいいと思う。

子どもは親の背中をよーく見ていますよ。

「人生は楽しいものだ」ということを、親が体現して見せないと。

大　最後に、読者にメッセージをお願いします。

ひ　若い時に、経験しておいたほうがよいことが人生いっぱいある
と思う。

「親と子はわかり合えない」を前提としてもっていてほしい。

親のせいにしても、一歩も進めないよ。

いま問題になっている、親なき後問題（注12）は、親離れ子離
れができていないことが、根底にあるのではないかと思います。

（注9）　ゲシュタルト療法…未完結な問題や悩みに対して、再体験を通
しての「今ここ」での「気づき」を得る心理療法。

（注10）自立支援医療制度…精神科の医療費の自己負担額を軽減する公
費負担医療制度。
※制度を利用する場合は、自立支援医療受給者証が必要になり
ます。申請は、市町村の担当窓口（障害者福祉課、保健福祉課
など自治体によって担当窓口は異なる）。

（注11）ひきこもりUX会議…不登校、ひきこもり、発達障害、セク
シュアルマイノリティーの当事者・経験者らで立ち上げたグ
ループ。さまざまなイベントを企画している。

（注12）親なき後問題…親の高齢化で、障害などの生きづらさ、働きづ
らさがある我が子の面倒がみられなくなること。詳しくは
P218参照。

# いじめとパワハラ
# に耐えた日々

**嘉津山具子**（50歳・女性）ひきこもり　発達障害　統合失調症〈東京都〉

（家族）父78歳、母77歳、弟2人 年齢非公開

### これまで

東京生まれの東京育ち。子どものころからいじめを受ける。

不器用で「発達障害」がいじめの原因だとわかったのは大人に
なってから。

父もひきこもり、上の弟は不登校と家出を繰り返し、両親の不
和で家庭の中には居場所がなかった。

小学生の頃からいじめに悩み続けた日々は、本当に生きづらい
と感じていた。

## いじめに暮れた日々

大　子どもの頃は、どんな子どもでしたか？

嘉　子どもの頃から発達障害を起因とした、いじめのようなものを
　　受けていました。

　　小学1年生の頃は、自分の下駄箱の場所を間違えて上履きを
　　入れ、取り出そうとしたらないので、泣いていたら、焼却炉に
　　置かれていたとか。

　　体操着に着替えるのが遅く、いつも怒られていて、担任からは
　　「体育時間に泣いてばかりいる嘉津山さん」というあだ名をつ
　　けられたこともありました。

　　当時「発達障害」は、まだ医学的にもよくわかっていなかった

ので、「できの悪い人間だ」と思われていました。

最悪だったのが、小学校5年生の時で、黒板消しを顔に当てられたり、野球の硬式ボールを顔に投げつけられたり、下敷きに死ねと書かれたり、物を隠されたりとひどいいじめに遭っていました。

「怪我をしては学校を休む」を繰り返しているうちに、だんだんと休みがちになって不登校になったという感じでした。

5年生の担任は新人だったので、どう対処してよいのか、先生も困っていたようでした。

6年生では、今度はベテランの怖い先生が担任になりましたが、その先生は「暴力で怪我するくらいなら学校にこなくてもいい」とまで言ってくれたので、理解ある先生だと思った記憶があります。

## 父がひきこもる

大　どんな家庭でしたか？

嘉　中学校は、不登校をせずに通いました。

上の弟が、中学2年生から不登校と家出を繰り返して、3カ月くらい行方がわからず、「誘拐でもされたか」と心配して捜索をしたりと大変だったので、私も学校に行きたくなかったのですが、できるような状況ではなかったですね。

私が高校2年生の時に父が病気になり、ポリープの手術をしたのですが、そのあと仕事が思うようにできず、会社を辞めて5年間仕事もせずにひきこもっていました。

父は、アスペルガーだったので仕事が続かず転職を繰り返していました。

管理職になれても、病気になって働けなくなり会社を辞める。仕方なしに母が働きに出ると、父は自室にこもって本を読んだり好きなことしているという生活でした。

父と母の間には夫婦の会話もなくなっていました。

母は父に、腫れ物に触るように接していたので、こっちがびくびくして怖くて、家に居場所がなかったのが、とてもつらかったです。

下の弟がその頃まだ小学生だったので「まだ母親に甘えたい時期なのに可哀そうに」と思っていましたし、「よその家は父親が働いているのに、うちは何でこうなのだろう」とも思っていました。

大　そんなお父さんとお母さんをどう見ていましたか？

嘉　当時は、父と母の夫婦喧嘩も絶えなかったので、「子どもの前で喧嘩をするくらいなら、離婚すればいいのに」と思っていました。

いまは仲良くやっているので、そうは思いません。

私も病気をして、いろいろと両親に助けられたので。

## 社会でのストレス

大　高校ではどうでしたか？

嘉　お嬢さんが行くような女子高に通っていました。

みんな大人だったので、いじめに遭うこともそれほどなかったので、比較的行きやすかったです。

ただ、同級生のお父さんの肩書が、どこそこの社長であったりとすごかったので、肩身が狭かったです。

大　高校、大学を卒業後は、どうされましたか？

嘉　大学卒業後に、上場企業に経理として就職しました。でも数年で事務所が茨城県に移転することになり、車の運転ができず車通勤ができない私は、会社を辞めざるを得ませんでした。

次の会社は森林組合の事務局でした。

そこも事業が７年半くらいで終わってしまったので、そのタイミングで会社を辞めて、今度はIT企業に入ったのですが、その企業の労働問題で、ひどい目に遭いました。

大　どんなことですか？

嘉　残業代を払ってくれない、法律違反をする、パワハラ上司はいるわで、精神が病んでボロボロになりました。そこから統合失調症で入院することになってしまい、以後も入退院を繰り返すことになりました。

## 「片付けられない女たち」を読んでピンときた

大　「発達障害」の診断はいつ頃ついたのですか？

嘉　大人になってからです。

　　37歳くらいの時、『片づけられない女たち』（サリ・ソルデン著）という本を読んでいたら「これだ」と思い、すぐにクリニックに行って検査をしてもらったところ、「発達障害」の診断がつきました。

　　診断がついたことで「父からさんざん怒られていたのも障害のせいだった」と、ほっとしました。

　　母は、「障害児を生んでしまった」というショックがあったようです。

　　そんな母を見ていて、よくなるならと新薬の治験に参加しましたが、頭が痛くなる、動けなくなるなど、ひどい体験をしました。

大　回復のきっかけになったのはどういうことでしたか？

嘉　発達障害の診断がつき、気持ちがラクになったのが大きいですね。
　　高校を中退するなどいろいろあった上の弟が、結婚して所帯を持ち、落ち着いたことも大きいですね。

　　それと、父が5年のひきこもりの後に、配送業を始めたことで、母との喧嘩も減り、家の中も静かになり、私も精神的に落ち着いてきて、動けるようになりました。

## たまたま行った、デイケアがよかった

大　生きづらい時に、考えていたことはどのようなことでしたか？

嘉　いじめに遭っていた時は、毎日の暴力に耐えて生きるのに必死でした。
　　それだけで精一杯でした。

大　そんなとき、どんなサポートがあればよいと思いますか？

嘉　学校に行かなくてもよいシステムがほしかったです。
　　保健室登校とかではなく、もう学校そのものに行かなくてよい
　　システムです。

大　利用してよかったと思えるような社会資源はありましたか？

嘉　10年くらい前、地元の保健所でデイケアをやっていました。
　　私が入院中にゲームにはまり、退院後もゲームに夢中だったの
　　を親が心配して、無理やり引っ張り出されました。
　　仕方なしに、週に1回行くようになり、それがきっかけとな
　　り外とのつながりができてきました。
　　つまり、矯正ですよね。
　　はじめのうちは本当に嫌でしたが、たまたま行ってみたら自分
　　と同じような年代の人が多かったのがよかった。
　　実際、自分と同じ年齢の人がふたりいましたし、ほかにも年代
　　の近い人がいたので、行っているうちに少しずつ慣れて、楽し
　　くなっていきましたね。

大　いま、不安はありますか？

嘉　お金の不安はあります。
　　今年、ようやく決心がつき、障害年金を請求したら、認定が下
　　りたのでよかったです。

大　おめでとうございます。よく下りましたね。

嘉　さすがに、私も2度目の入院がなかったら障害年金を請求し
　　ようとは思わなかったのですが。

## 「生きづらさ」を理解してほしかった

大　半生を振り返ってみて、自分の人生をどう感じていますか？

嘉　自分では一生懸命生きてきたのですが、「いろいろ迷惑をかけ
　　てきた人生だった」と思いますね。

大　嘉津山さんにとって、生きづらさとは何ですか？

嘉　何でしょうね。とにかく「発達障害」があったので、不器用で

不注意だった。

できないことが多くて、それが原因で小学5年生の時に本格的ないじめに遭ったりと。

発達障害を理解してもらえない苦しさ、家庭のいびつ、社会でのストレスと生きづらさが重なっていました。

大　夢はありますか？

嘉　いまは、特にないですね。

発達障害の当事者協会（注13）をつくったことで、ひとつ夢を叶えました。

私が困っていた当時は、親の会しかなくて。

当事者の情報がないから当事者の情報団体があればと思い、本人たちの声を世の中に届けるためにつくりました。

夢があるとしたら、今後は当事者協会を維持していくことですかね。

それと、もしまた社会に戻れるものなら戻りたい。

職種にはこだわらないので仕事をしたい。

掃除でも介護でもなんでもいい、誰かの役に立つことをしたい。

（注13）発達障害の当事者協会…「発達障害当事者協会」のこと。詳しくはP144参照。

# 母ちゃんだいすき

下山洋雄（40歳・男性）広汎性発達障害（多動傾向・自閉傾向）
　軽度知的障害　　　　　　　　　　　　　　　　　　　　〈青森県〉

家族　父68歳、母61歳、妹30代、義弟30代

### これまで

青森県青森市生まれ。３歳くらいから言葉の遅れがあり、ひとり遊びが多く、集団の中には入れなかった。

人の中にとけ込むことがとてもしんどくて、集団の中に子どもの頃から入れなかったというのが、まず、生きづらさになっている。

幼少期は、母から離れられないという、母子分離不安が強く、ずっと母のそばで過ごす生活をしていた。

小学校、中学校、高校と生きづらさの中にいた。

## 先生の暴言で、対人恐怖になる

大　不登校になったきっかけは、どんなことでしたか？

下　小学１年生の入学式に、父が母の代わりに一緒に行ってくれたのですが、父から離れられないで、ずっと父の足にしがみついて泣いていました。

入学式の翌日から、「学校に行きたくない」がはじまり「行かない、行かない、行かない」と、ずいぶん母を困らせていました。

母は、登校から下校までの時間ずっと私のそばについてくれるという生活を１週間してくれました。

大　それで、なんとか学校には慣れましたか？

下　学校に行けるようにはなったのですが、文字や数字が書けませんでした。

　　その姿を見て、学級の先生が、これは何か訳があると疑い、知能検査をさせられました。

　　その結果、軽度の知的障害がわかりました。

　　普通学級では指導ができないとのことで、翌年の2年生から3年生までは特別学級に転校しましたが、3年生の後半から6年生の2学期後半までは、学級の先生の勧めもあって、普通学級に戻っていました。

　　6年生の後半に、問題は起こりました。

　　調理実習の授業があり、役割を決めてみんなで材料をそろえることになりましたが、気がついたら、その役割が全部自分になっていました。

　　帰宅して、そのことを母に話すと「それは違うよね、みんなで分担すると決めたのだから、みんなで分担して材料を買わなくてはいけないのではないの」と言ってくれ、母はそのことを家庭科の先生に話しました。

　　次の日、家庭科の先生に呼び出されて、家庭科室に鍵を掛けられ閉じ込められ、暴言を吐かれました。

　　この時の教師からの体罰が原因で、学校の行き渋りが始まりました。

大　しんどい体験の連続だった小学校時代だったのですね。

下　それでも卒業間際にはなんとか勇気を出し、卒業式には行けたのですが、中学校に入学するも、先生や同級生が怖く、対人恐怖になってしまい、足が震えて教室に入れなくなっていました。

　　教室の前で、おどおどしている僕の背中を、担任の先生にポンと押され教室に入ったのですが、体が震えて泣き出すようなことがずっと続いていました。

病院に行くと「身体症状が出ている」と言われました。

学校では「この状態では普通学級では指導できない」と、また特殊学級に転校しましたが、それから少しして、家にこもるようになりました。

中学3年生の時は、卒業後の進路に普通高校の受験を希望したのですが、特殊学級に入っていると普通高校に受験ができないことがわかり、高等養護学校を受験し、合格しました。

春休みには「このまま高校に行けるのではないか」、「これは大丈夫かな」と思っていましたが、初日で友人関係に嫌な思いをさせられて、「行こう行こう」と何回も思ったのですが、行けなくなり、卒業するまでひきこもっていました。

大　いまは字が書けているのは、何か努力されたのですか？

下　自分で努力していたのもありますが、僕は小学2年生から書道を習っていました。

　　そこから、字がスラスラと書けるようになりましたね。

## 長きにわたる、父の虐待

大　しかし、苦難の連続でしたね。

下　苦難の連続というなら、ほかに僕は小学1年生から高校を卒業するまで、父に暴力を受けていました。父との関係がすごく悪かったので。いまも悪いですけど。

大　どんな暴力でしたか？

下　小学1年生の時は、数字の書き方がわからない。字の書き方がわからないから、紙に書き出してみるのですが、時間がかかってしまう。

　　それが父は待てず、平手打ちや頭をげんこつで殴られたりしました。

　　運動音痴だったのでスキーが苦手でした。

　　父に教わるのですが、思うようにならずモタモタしているところをスキーのストックで、ぶん殴られたりもしました。

大　抵抗はしなかったのですか？

下　父は、私を学校に行かせようとして、いろんなことをしてきました。

　　だけど、私がそれに応えられなくて。

　　自分でその苛立ちを母にぶつけていました。

　　高校を卒業するまで家庭内暴力ですね。

**ひきこもりの子がいる親と支援者との出会いで勇気をもらえた**

大　頑張って生きてみようと思ったきっかけは、どんなことだったのですか？

下　高校を卒業して、「いのちの電話」（注14）の人と繋がって、その人のおかげで当事者を支える活動をしようと思ったのと、もうひとり KHJ（注15）を通じて、ひきこもりの子がいる親との出会いがありました。

　　その人は、温かい情のある人で、その人の話を聞いていたら気持ちに拍車がかかり、ピアサポートの活動をすることに決めました。

大　ピアサポートの活動を始める時に、何から始めましたか？

下　まず、自分のことを知ることから始めました。

　　自分のことを知らなければ他人のことを知ることができないと思ったので、自分のことを知るために、「いのちの電話」の講座を受けたり、いろんなことをしました。

大　自分の半生をどう思いますか？

下　40年間生きていることに感謝しなくてはいけないと思っているし、この世に授けてくれた母にも感謝しています。

大　いろんな目に遭いながら生きてきたことは、よかったと思えますか？

下　よかったと思います。それは、すごく人の痛みがわかることに繋がっています。

　　実際に相談を受けるときに、自分と似たようなシチュエー

ションにドギマギしないで冷静沈着でいられる、それは「自分
の経験が生きた証」と思いますね。

大　夢はありますか？

下　私は心理士になるのが夢です。

　　「認定心理士」（注16）になるために、いま勉強をし始めていま
す。将来はピアサポーター以外に、悩んでいる人の気持ちを、
もっと深く受け止めてあげられたらいいなと思うからです。

## 相談できる場所があることを、知ってほしい

大　社会資源についての考えを、聞かせてください。

下　私が住んでいる青森にもようやく 3 年ほど前に、フリースクー
ルができました。

　　10 年前や 20 年前には、不登校の子どもやひきこもりの人た
ちが相談できる社会資源はなかったけれど、最近は増えてきて
いるので、悩んでいる人、生きづらさを抱えている人、いろん
な不安と戦っている親御さんに、「家族会だったり、相談でき
る場所がある」ということを知ってほしいと思います。

大　生きづらかった時に、どんなことを考えていましたか？

下　「死にたいという気持ちと、誰かに助けてもらいたい」とい
う、2 つの気持ちが行ったり来たりしていました。

大　当時、周りの人にどんなサポートをしてほしかったですか？

下　やはり寄り添ってほしかったし、話を聞いてほしかったという
のがいちばん大きかったですね。

大　してほしくなかった対応は、どんなことでしたか？

下　してほしくなかったのはお説教ですね。

　　指示されたり、価値観を押しつけられたりするのは嫌でした。

## 気遣いがうまい、母ちゃん

大　お父さん、お母さんに助けてほしかったですか？

下　「母に助けてほしかった」、いちばんに。

大　いまお母さんに、あなたが生きづらさを抱えているのだと理解

はしてもらえていると思いますか？

下　父も母も、私が生きづらさを抱えていることを、理解している
　　とは、言い難いですね。
　　「軽度の知的障害がある」ことを、いまもなお理解できていな
　　いし、受け止められないのだと思います。

大　お母さんは好きですか？

下　「母ちゃん好き、大好きですね。でもわかってくれない」。
　　でも、そうは言っても理解はしようとしてくれていて、「あな
　　たは、生きづらさを抱える人なんだよね」と、具合が悪いとい
　　うと食事を部屋まで持ってきてくれる。「気遣いがうまいな」
　　と思います。
　　これまでは、否定的な言葉で、返してきたけれど、最近は肯定
　　的な言葉を返してくれるようになったし。

大　それは、お母さんにどんな変化があったのだと思いますか？

下　私の「ピアサポートの活動や、家族会で活躍をしている姿」を
　　見てくれて変化が起きているのではないかなと思っています。


（注14）いのちの電話…一般社団法人日本いのちの電話連盟が行ってい
　　　　る「電話相談」。365日24時間相談できる。全国にある。
（注15）KHJ…全国にあるひきこもりの家族会の全国組織の名称。詳し
　　　　くはP116参照。
（注16）認定心理士…公益社団法人日本心理学会が認定する民間資格、
　　　　およびその有資格者のこと。

# 47歳で、やっとわかった発達障害

たっちぃ（48歳・男性）ひきこもり　発達障害　　　　　〈東京都〉

家族　祖父　祖母　父77歳　母享年78　姉51歳　弟46歳

---

**これまで**

幼少期から、周りの子どもと比べて、できないことが多いことに、自分でも気づく。

何をするにも時間がかかり、ひとりで着替えられないなど、子どもの頃から生きづらさを感じていた。

小学校から、中学校、高校、大学と周りの人や、集団には馴染めなかった。

子どもの頃からの生きづらさを、母にも父にも理解されてこなかった。

大人になって、自分は「発達障害」ではないかと思うようになり、47歳でやっと検査を受け、「発達障害」の診断に至る。

現在、東京で父と2人暮らし。

**祖母が唯一の癒しだった**

大　小学校では、どんな子どもでしたか？

た　何をやっても不器用な子どもでした。

　　丁寧にやろうとすると時間がとてもかかる。

　　人と同じようにやっているつもりでも、出来上がってみると、なんか違っていることが多かったですね。

　　服の脱着に時間がかかりました。

小学校低学年時には体育の授業で、体操着に着替えるのに時間がかかり過ぎて、授業に大幅に遅れたり、授業に出られなかったこともありました。

大　自分では、どう思っていましたか？

た　自分にできることと、できないことがハッキリあったので、「何でだろう」とずっと思っていました。

勉強はそこそこできていましたが、運動が全くというくらい苦手でした。

走れば遅いし、組体操では人の手を借りないとできないなど、運動会は恥ずかしい思い出ばかりです。

特に大変だったのは、給食でした。好き嫌いが激しいうえに、食べるのがとても遅い。

午後の授業の時間に入っても食べさせられました。

それでも食べ切れなければ居残りで、全部食べられるまで帰れませんでした。

下校の時刻を過ぎ、空が暗くなることもありました。

私が帰ってこないのを親が心配して、学校に迎えに来ることもありました。

大　つらいことが多かったですね。

た　そうですね。

でも家に帰ると、祖母が可愛がってくれました。

それだけが自分にとっては救いでした。

大　いいおばあさんですね。

た　自分の好きなお菓子を出してくれたり、自分の話をずっと聞いてくれました。

## 自分のせいで、姉がいじめられる

大　きょうだいの仲は、どうでしたか？

た　すごく仲がいいわけではないです。

とくに姉に関しては。

小学 1 年生の時、給食が食べきれなくて、掃除の時間に入ってしまったことがあり、それが原因で、丁度 3 つ年上の当時 4 年生の姉が、同級生から「お前の弟が、掃除中に給食食べているぞ」と、いじめられる事態になっていました。

このこと以外でも、私の言動が原因で、姉がいじめられることが、あったようです。

大　こだわりとかは、どうでしたか？

た　ありました。登校時に通学路の途中にあった「ある木」に必ず触ります。

自分にとっての、おまじないのようなものでした。

しかし、その木は小学校 2 年生の時、マンション建設のために切られました。

木が切られた時に、変な不安感に襲われていました。

あと、使用するトイレの場所も決まっていました。

ほかの場所が空いていても使いたいところが空くまで待っていました。

学校の勉強だけでなく、場所や人、食べ物まで、何事につけても好き嫌いがはっきりと分かれていて、自分のこだわり加減は激しいと思います。

## 就職しても、うまくできないことばかり

大　大学卒業後に、就職したのですね。

た　大学卒業までに 7 年もかかってしまい、一般的な就職活動はとてもできなかったので、親戚が心配してくれて、親戚の友人が社長を務めるシステム開発関連の会社を紹介してくれました。

形式上、会社を訪問し、入社試験と面接を受けましたが、面接ではまともに話もできませんでした。

正直、自分でもよく入社できたなと思うほどでした。

入社してみると、電話の応対、ビジネスマナー等、あらゆることが全然うまくできなく、苦労しました。

二度の部署の異動の後、会社の本業であるシステム開発でもなく、総務でもない、雑用係ともいえるような部署への配属となりました。

入社から5年後、会社都合により退職することになりました。

事実上のリストラでした。

退職をするまでの間は、上司からの言葉による嫌がらせも度々ありました。

リストラに遭ったのは、悔しかったですが、それまで自分は、かなり無理な背伸びをしていたので、会社を辞めた瞬間、何か重たいものが、吹き飛んだような感じがしました。

親には「この5年間、少し無理をし過ぎていた」というようなことを言ったのですが、聞き入れてもらえませんでした。

## 会社を辞めてからの10年間

大　親には、たっちいさんの生きづらさが伝わっていなかったのですね。

た　そうですね。いまでもそうですが、自分のことを理解してはもらえません。

大　退職後は、どうしましたか？

た　数カ月間は休んで、いくつかのアルバイトをしました。

運転免許もこの時期に取得しました。

姉からは教習所の教官が鬼だとか、いろいろ聞かされていましたが、実際に教習所に通ってみると非常に心地良かったです。

現在でも家族の送迎や父の手伝いなどで、運転は役立っているので、この時の免許取得は、正しかったと思います。

後は、パソコン関連のものや簿記などの資格を取得しました。

資格を取得していざ就職活動をしても、実務経験が伴わないと全然ダメでした。

短期のアルバイトなどをいくつかしましたが、それもあまり続きませんでした。

その後は、家事手伝い（食事の準備・掃除・洗濯・買物等）く
らいしかやっていなかったと思います。

こんな状況が、現在まで約10年間続いています。

再就職への道はますます困難になり、社会的に動けない状態と
なっていました。

社会的には「ひきこもり」状態と言われるかもしれないです
が、家から一歩も外に出られないというわけではありませんで
した。

## 「発達障害」にピンときた

大　「発達障害」かも、と思ったのはいつ頃ですか？

た　「発達障害」という言葉を私がはじめて知ったのは、34歳の
時で、新聞の記事で知りました。

その記事は、「学校を卒業後、就職・就業できていない人を対
象にした調査で、これらの人の中に多くの割合で発達障害の
ケースが見られる」といった内容でした。

気になったので、発達障害について調べてみたら、自分との共
通点があまりにもあり過ぎて、「自分は発達障害なのではない
か」と思うようになりました。

ただ、どこに相談してよいのか全くわからず、長い間悩んでい
ました。

そんな時に、発達障害者支援センター（P182参照）の存在を
インターネットで知り、出かけてみることにしました。

そこではじめて、いままでずっと自分が不思議に思っていたこ
とや、人と同じようにできなくて生きづらかったことが告白で
きて、モヤモヤが晴れたように思えました。

大　それはすごく、よかったですね。

た　それから、そのセンターで、当事者が集まるNeccoカフェ（注
17）のことを教えてもらい、利用するようにもなりました。

少し慣れてきて、カフェで行われる「発達障害の当事者会」に

も参加するようになって、地域の家族会の存在も知り、現在
は、練馬にある家族会（注18）に参加しています。

## やっと、親に言えた

大　いままで、親には相談しなかったのですか？

た　何回も相談したい、と思ったことはあります。

　　でもできなかった。親に相談できなかったのは、相談しても理
解してもらえないと思っていたからです。

　　しかし、やっと昨年、「発達障害の疑いがあるから検査を受け
たい」と父に打ち明けました。

大　それで、やっと検査ができたのですね。

た　はい。長い間、医療機関での受診や検査を受けることができま
せんでしたが、昨年の5月に「発達障害」の診断が出ました。
47歳でした。正直なところ、やっとこれで公的な支援に繋
がった、と感じています。

　　まだ支援制度を利用できるようになったばかりなので、どのよ
うな制度があるのかは、詳しく知りません。

　　地域の家族会の方の協力で、「生活サポートセンター」（注19）
に繋がり、保健相談所を通じて、クリニックを紹介してもらえ
たことが、本当に良かったと思っています。

　　自分だけでは、見つけ出すことはできなかったと思うので。

## 自立の道を急がねば

大　親御さんは高齢ですね、将来の不安はありますか？

た　母は3年前に78歳で亡くなりました。

　　父は今年で77歳になります。

　　数年前までは、父も母も口うるさく私に働くように言っていた
のですが、母が亡くなってからは、父もあまり言わなくなりま
した。

　　最近になって、父は「自分が死んだら、一緒に棺桶の中に連れ
ていく」と言い出すことがあります。

父は持病がありますので、いつどうなるかわからないです。

父が亡くなるようなことがあれば、いまのような生活を続けるのは厳しいと思います。

このことは、最近になって父によく言われます。

それは私も感じています。

近い将来、そのようなことが現実となってしまうのでしょう。

それまでには、何とか社会的にも経済的にも自立したいのですが、どうしていいのかわかりません。

施設等への入所という道は考えていません。

できるだけいまの環境に近い状態での生活を希望しています。

正しいかどうかはわかりませんが、社会的に障害があることを認めてもらい、自分のできることや得意なことを活かしながら、社会的な支援を受けられる部分は受け、障害者として働く道を選ぶことを考えています。

もう、それほど時間はないと思います。

急いで、いろんなことに取り組まないといけないと考えています。

（注17）Neccoカフェ…東京都新宿区西早稲田にある発達障害当事者が中心となって運営しているカフェ。詳しくはP143参照。

（注18）灯火…東京・練馬区で活動しているひきこもりの地域家族会のこと。詳しくはP121参照。

（注19）生活サポートセンター…社会福祉法人練馬区社会福祉協議会が生活に困っている人を対象に開設している相談窓口のこと。

# 『性の違和感』と『発達障害』の生きづらさの中で

白崎矢宵（36歳・女性）広汎性発達障害
　　　　　　　　　　　トランスジェンダー　感覚過敏（注20）
白崎花代（65歳・母親）　　　　　　　　　　　〈北海道〉

家族 父72歳

---

**これまで**

一人っ子で、近所の子どもたちと外遊び、家では母と草花の色水をつくったり、折り紙をして遊んでいた。
小学校、中学校は、コミュニケーションの意思疎通がうまくいかず、学校に馴染めなくてクラスでは浮いた存在だった。
その時から、性別の違和は感じていた。
母親との関係が悪い状態は、子どもの頃からずっと続いていた。
なんで死ななかったのか、わからないくらい、ずっと死にたいと思っていた。

**会話が通じない**

大　子どもの頃は、どんなふうでしたか？

矢　幼稚園がはじめての集団生活でしたが、それがすでにつらかったです。
　　周りの園児たちと会話が成立しないなと感じていて、あまり馴染めなかった印象が強いです。

大　コミュニケーションの問題で、しんどかったのですね。

矢　小学1年生の時も、周りの言っている言葉が理解できない、

こっちの言っていることを周りが理解してくれない。

会話として成立しなくてすごく困っていました。

小学生で喘息になり、体を動かすことが好きだったのに、運動ができなくなったのも、けっこうストレスだったのかなと思います。

喘息はひどく、年に2、3回は入院するようになっていました。

喘息がつらいのと学校に馴染めないのとで、あまり学校にも行けなくて。

学校に行く日数が少ない割には、勉強には普通についていけたので、クラスではかなり浮いてしまい、男子にからかわれたのもけっこうつらかったです。

中学校でも、同じような感じでした。

## 男子に変身したい願望

大　性の違和感は、いつ頃からありましたか？

矢　小学3、4年生くらいの時、「性転換したい」と強く思いました。

当時「らんま1/2」という漫画が流行っていて、水をかぶると女に変身し、お湯をかぶると男に戻れるというのがすごく羨ましかった。

そのくらい「簡単に性別が変えられたらいいのになあ」という思いがあった。

その時は「男子になりたい」という欲求がありましたけど、自分では「変身願望かな」、くらいに流していました。

中学生になると、周りの男子が声変りをしてくるので、今度はそれが羨ましくて、声変りしたいと必死で低い声を出す練習をしていましたが、変わるはずないですよね。

## 女子高は、意外に楽しい

大　高校生の時はどうでしたか？

矢　高校は「いじめる男子が来ない所がいい」と思い、進学校の女子高に進学しました。

高校の勉強は楽しくやりがいがあったし、いじめる人もいなかったので、ほぼ毎日行けました。

特待生で入学させてもらったのでそれも励みになりました。

すごく仲のいい友人もできました。

はじめて会った時から、「気が合うなあ」と思っていて、放課後にはいろんな話をするのが楽しくて、何時間もお喋りをしていました。

のちにわかったことですが、その友人も、私と同じ「発達障害」でした。

そんな友人に出会えたのもこの高校を選んだからで、大学も同じようにと選んだのですが、大学生活は本当に大変でした。

大　どういうところが大変でしたか？

矢　大学の自主学習の授業でグループ学習があり、そこでアスペルガーの特性を発揮してしまい、ぜんぜんうまくいかなくて困りました。

グループの人たちが、各自にやるべきことを見つけてやっている時に、自分はなにも見つけられず、周りに聞いても「やることなんか、いっぱいあるじゃん」と言われ、自主学習だったので先生もいなく、本当にしんどかったです。

しかし、なんとか座学で点をとり卒業できました。

## お母さんともわかり合えず、絶望的な関係

大　お母さんとの関係はいかがでしたか？

矢　中学、高校の頃の母との関係は絶望的で、「この親が死ぬか自分が死ぬかしかない」と思っていました。

「大学生になったら絶対に家を出よう」と思っていましたが、いろんなめぐり合わせで志望校が地元になってしまったので、叶いませんでした。

なんで死ななかったのかわからないくらいずっと死にたかった。

大　お母さんはその当時、矢宵さんをどのようにとらえていました

か？

母　親からすれば、娘は万年反抗期で、「何を考えているのかもわからない、なんでこっちの言うことが伝わらないのか」と思っていました。

娘がまだ子どもで一緒に遊んでいた時は、意思疎通できていると思っていました。

同じ時間を過ごして、一緒に楽しんだりすることができたと思ってきましたが、いま振り返ってみると、私が楽しいと感じていたものと娘が感じていたものとは違っていたのですね。

娘に、発達障害がわかる前のお母さんは「最凶の毒母」と言われました。

私も手に負えない子どもだと思っていましたし、自分のせいでこうなっているのだと思ったので、どこかに行ってしまいたいと思っていました。

私がいなければちゃんとやっていけるのではないかと。

この子に恨まれているとも思っていました。

大　矢宵さんは、その時お母さんに何をしてほしかったのですか？

矢　たぶん、わかってほしかったのだと思います。

なぜかよくわからないですが、何を話しても悪く受け取られる。

そんなに深い意味もなく言ったことを母は悪く受け取って、「あんたはお母さんが嫌いなんでしょ」と言い始めるので、「もっと正しく解釈してくれないかな」と思っていました。

子どもの頃から「お母さんにはわかってもらえない」と、感じていました。

母が「こうしたらいいよ、それが一般的だよ」と話してくれることが、私には理解できない。

なんでそれが一般的なのか、私が思うことはそんなにおかしいか、なぜ？といつも思っていました。

大　自分でも不思議だったのですか？

矢　自分はおかしいのかなと思ってはいたけれど、勉強はできていたので障害という話はありませんでした。

「頭のいい子は、ちょっと変わっているしね」くらいで、ずっと流されたままでしたね。

それでも中学生の時にあまりにも気が滅入っていて、母に精神科に行きたいと相談したことがあります。

その時母からは、「うちの子が精神科に通っていると近所に知られたら、何と言われるか」と言われ、この人は世間体が大事なんだ。こんなに苦しくても病院に行かせてもらえないんだと思いました。

**生きづらさが証明された**

大　生きづらさの苦しさから回復して、何かやってみようと思ったのはどうしてですか？

矢　ひとつは23歳で発達障害の診断がついたことです。

私にとって発達障害の診断は「生きづらさの説明」でした。

それまでの生きづらかった人生に、簡単に説明をつけてくれたのが発達障害で、もうひとつはトランスジェンダー（注21）です。

「発達障害」と診断がついて、「あー、やっぱり自分は普通じゃなかったんだ」と思いました。

ずっと自分はおかしいと思って、いったい何の精神病なんだろうと思っていましたから。

当時の2000年前後は、インターネットで調べたり、本も読んでみたりしていましたが、「発達障害」には、たどり着けませんでした。

大　診断がついたことで、親子関係にも変化はありましたか？

矢　そうですね。それまでは、お互い離れて暮らすのが最良だと思っていましたが、診断がついたことで、お母さんも私を理解しようとしてくれていることがわかりました。

そこからお母さんとの関係も変わったのは大きかったですね。

## 発達障害診断のおかげで、母の役割が見えてきた

大 お母さんは、娘さんが「発達障害」と聞いて、どう思いましたか？

母 私も診断名を聞いた時には、心底ほっとしました。

目の前が明るくなった感じです。

娘がこうなのは私の育て方とか、娘の性格がそうだからではなく、持って生まれた障害があってこうなってきたのだと、はっきりわかったのでほっとしました。

娘との関係も、私が何かしたことで親子関係がこじれたのではないことがわかり安心できました。

「発達障害」の特性を知った時に、「親の立場としては、娘を全面的にサポートすることだな」とわかりました。

大 診断がついて、何がいちばんよかったですか？

母 自分が娘に対して何をするか、すべきかということが明確になったこと。

誰の責任でもないことがハッキリしたことですね。

「残りの人生はこれから先のことを考えて、共存していくしかない」と。

「価値観が全く異なる人間と暮らしているのだ」ということを頭に入れて、「親はいちばん身近でサポートしていく」、そうした生き方が明確に明示されたようで、すごくよかったです。

大 いまお母さんは、娘さんのお手伝いをされているそうですね。

母 娘のやりたいことについていったら、私にも役割があったので、いまはサポーターとして手伝っています。

大 お母さんは、ほかでも体験をお話しされているとか。

母 機会があればいろんな場所で、これまでの経験をお話しています。

個人差のある障害なので、自分に合った情報が得られるとは限りませんが、私が体験してきたことが、どなたかの参考になるかもと思いながらお話しています。

## 残る悩みは「性の違和感」と「感覚過敏」

大　いま感じている生きづらさはありますか？

矢　生きづらさのひとつとして、「発達障害」の診断がつきましたが、性別の違和感に関しては、全く解決しないまま10年以上経ってしまいました。

　　自分として無視できない問題だったのですが、「人に話してもいいかな」と思える心境になれたのは35歳を過ぎてからなので、それまでは誰にも言えなかったですね。

　　しかも病院で相談したいと思っても、「専門ではないので」と、断られ続けるといった状態でした。

　　話す場所がどこにもないのが悩みですし、生きづらいです。

　　自分の「性に対する自認」は何だろうと、ずっと考えていました。

　　子どもが欲しいと思うような時期に、「私が産むのではなく、誰かに産んでほしい」。

　　それしか思い浮かばなかった。

　　婦人科検査で子宮体癌の疑いがあると言われて、検査をすることになった時も「もしかして子宮を切除してもらえるかも」と、すっごくワクワクした。

　　でも結果は「大丈夫です、きれいな子宮ですよ」と言われてがっかりしました。

　　自分で、「この発想は、もう女ではない」と思いました。

　　男だと思ったほうが、しっくりきますし、納得できます。

大　性の相談に関して困っていることはありますか？

矢　まず、いまいちばん困っているのが「セクシュアルマイノリティー」（注22）に関しての相談窓口がなさすぎることです。

　　地方に行けば行くほどないです。

　　手術できる病院だってないし、診断できる病院もほとんどありません。

大　ほかに生きづらさはありますか？

矢　アスペルガー特有といいますか、「感覚過敏」がつらいですね。

「感覚過敏」といっても、私の場合は「聴覚過敏、視覚過敏、痛覚過敏」です。

その中で、最も苦しめられているのが「聴覚過敏」で、ラジオの音声は特に厳しいです。

あとは、時計の秒針の音、テレビの音声、人の声、パソコンのキーボードのカタカタ叩く音、陶器やガラスが擦れたりする音などもそうです。

これらの音は神経にさわるようで、とても不快な気分になります。

また、「視覚過敏」にも苦しめられていて、いちばん苦手なのが液晶ディスプレイなどのバックライトです。

パソコンや携帯ゲーム機、スマートフォン、タブレットなどのバックライトの光が強いと眩しくて直視できないのです。

ですので、私が使っているパソコンのディスプレイのバックライトは、かなり暗く設定して使っています。

それでも体調によっては、眩し過ぎて見ることができないこともあります。

「痛覚過敏」は、幼稚園の時に「耳が痛い」と騒いで、耳鼻咽喉科に連れて行かれ、先生から「中耳炎ですが、この段階では痛くはないはずだが」と驚かれたと聞きました。

小学校6年生の時には「お腹が痛い」と騒ぎ、盲腸を早期発見したこともあります。

このようなことが度々あったので、「痛覚過敏のおかげで病気の早期発見ができる」と思われるかもしれませんが、軽いねん挫で身動きできなくなったり、ちょっとした腹痛でも「痛い、痛い」と騒いでしまうくらい、「痛みの感覚」が強いので、これもとてもしんどい部分です。

## 母と居場所づくりの夢

大　夢はありますか？

矢　母と２人で「居場所」をつくりたいと思っています。

地元に「Necco」（注17・P69）みたいなお店をつくりたい。

発達障害の人だけではなく、もっといろんな人が「誰かに悩みを聞いてほしい」「話せる場所がない」と悩んだとき、いつでも気軽に来てくれるような場所ができたらいいなと思っています。

大　読者にメッセージをください。

矢　私は失敗を繰り返してきましたが、「それでも生きていていんだ」ということを伝えたい。

「失敗してもいい、人生失敗しても、途中棄権でもいいじゃない」と思います。

私と同じような悩みを抱えている人には、「同じ悩みを抱えている人はどこかにいるはず。ネットなどで見つけてみて、そして当事者同士繋がってほしい」と強く願っています。

母　自分の人生だから自分の生きやすいように生きてほしい。

そのためにいろんなものを利用してほしいし、頼ってほしいと思っています。

とにかく「自分にできないときは誰かを頼る、助けてもらう」と、気楽に考えていけばいいと思います。

（注20）感覚過敏…周囲の音や匂い、味覚、触覚など外部からの刺激が過剰に感じられ、激しい苦痛を伴って不快に感じられる状態のこと（参考：子ども情報ステーション（NPO法人ぷるすあるは））。

（注21）トランスジェンダー…LGBTQ＋、の「T」にあたり、一般的に性自認と身体的性が一致していない人、全般を表す言葉（参考：自分らしく生きるプロジェクト）。

（注22）セクシュアルマイノリティー…P42（注5）を参照ください。

# 第3章
# 当事者家族の
# 体験インタビュー

　本章では、4組の親御さんに、生きづらさを抱えている当事者の親としての不安や苦しみ、回復に至ったきっかけなどを語っていただきました。

　そして、その苦労した日々を振り返り、いまのお気持ちもお聞きしています。　　　　　　　　　　　　　　　（聞き手：大橋）

※本編の体験インタビューは、ご本人の思いを大切にして、ありのまま掲載しています。

# 嵐が過ぎ去って、
# 見えたもの

**りゅうさん**（58歳・父親）**ともさん**（51歳・母親）　〈東京都〉

〔家族〕祖母86歳、長男19歳、次男17歳（不登校）

---

### これまで

次男が小学3年生のときから、「不登校」がはじまる。

小学5年生、6年生では適応指導教室フリーマインドに通う。

中学1年生のときは、約2カ月の通学のみ。中学2年生、3年生では父の大工の仕事を手伝う。

3年生の冬から、自室に「ひきこもる」ようになる。

母は、お義母さんとの関係で、ストレスを抱える毎日を過ごしていた。

---

### トラブル続きの日々

大　不登校がはじまった時の様子は、どうでしたか？

父　小学校では、友達とのトラブルで暴れていましたし、家では兄とゲームのことで、大喧嘩がしょっちゅうありましたね。

母　その時は、次男が、かーっとなって包丁まで出してきたので、びっくりしました。

父　とにかく、人間関係がヘタというか、トラブルが多かったですね。

大　お兄さんは、どんな性格だったのですか？

父　兄のほうは、学校が好きで通学していましたから、まったく普通です。

大　息子さんの不登校がはじまって、お父さんはどう思っていましたか？

父　私は一般的な親ですから、子どもが学校に行きたくないと言い
　　出せば、学校に復帰させようと考えました。

　　いじめの問題や人間関係を疑い、担任に相談したり本人に聞い
　　たりしてみましたが、はっきりとした答えは返ってきませんで
　　した。

　　なだめたり、叱責したり、いろいろ手を打ちましたが、次男の
　　状態は悪くなる一方でした。

　　暴言や、ナイフを持ち出して威嚇したり、頭を抱えて丸くなり
　　怯えるようになったので、心療内科にも連れて行きましたが、
　　精神科医とは話すこともしませんでした。

大　お母さんは、どうでしたか？

母　「学校へ行かすことしか考えていなかった」というか、それし
　　か知らなかったし、相談した先でも、そういった方向での話し
　　かなかったです。

**適応指導教室をクビになる**

大　その後は、どんな対応をされたのですか？

父　とうとう外出もできなくなってしまったので、遊び場探しをし
　　ようと、次男と相談しました。

　　次男が「ミニ四駆をしてみたい」と言うので、じっくり選ん
　　で、上福岡の模型店主催の「ミニ四駆大会」に参加するように
　　なったのは、不登校になってから5カ月ほど経ったころでした。

母　そのころは、私たちも無理やり学校に行かせようとはしなかっ
　　たので、次男は落ち着きを取り戻していました。

　　その後に、スクールカウンセラーに会いに行けるようになっ
　　て、小学4年生のときに3カ月ほど学校に通ったのですが、
　　また正月明けに行かなくなりました。

　　学校と相談して、5年生の新学期から適応指導教室に通うこと
　　になり、気の合う仲間もできたようなのですが、問題行動を起
　　こすことが度々あり、まさかの適応指導教室からの「クビ宣

言」を言い渡されてしまいました。

　　でもそれで、やっと学校の呪縛から子も親も開放されました。

大　そんなピンチの時、どう過ごされていましたか？

父　息子が適応指導教室に通うころから、いろいろ考えるようになりました。

　　暴力行為があった当初は、練馬区の教育相談室に行ってみたりもしたのですが、「なんで、退職した校長ばかりがいるのか」「定年後のつなぎのポジションなのか」と、教育相談行政への不信感を抱きました。

　　しかし、これは「オヤジの修行」だと思い、「もう、自分でやるしかない」と腹をくくりました。

　　当時はまだ「不登校は学校に戻すのが当たり前」の時代でした。

　　そうはいっても、「それではよくならない」ことはわかり始めていたので、不登校に関する情報をネットで集めたり、本を読んだり、大学教授の講演を聴きに行くなどしました。

## 母のストレスが止まらない

大　お母さんは、どんなストレスを抱えていたのですか？

母　次男の不登校よりも、お義母さんとの関係にストレスを抱えていました。

大　そういったストレスは、自分ではどう対処していたのですか？

母　嫁なので、とにかく我慢するしかない状況でした。

　　でも我慢していると、どこかで爆発します。

　　次男が不登校になる前ですが、ストレスから携帯電話を折ったりしていました。

　　その時は、夫が黙って新しい携帯電話を買ってくれました。

大　お父さんは、お母さんのストレスがわかっていたのですか？

父　はい、いろいろとあったみたいです。

　　次男が不登校になり、母も心配してくれているのはわかるのですが、いろんなことに口出しをしてきたり、女房にきつく言っ

てくるので、女房にはストレスになっていたと思います。

母　次男が小学３年生で学校に行かなくなった時、ランドセルを外に投げ出したのは本当に悪かったと思っています。

お義母さんの手前、ついやってしまいました。

携帯電話を折ったのは、不登校以前の話で、不登校とは関係ないです。いろいろと細かいストレス、怒りが重なって、いまは何が原因だったかは覚えていないです。

次男もいろんなストレスを抱えているのだろうなと気づくことが、不登校になってからありました。

ベーゴマを隣家に投げ、窓ガラスを割ったことがありました。その時、次男がすごい剣幕で「俺の苦しさがわからないだろう。苦しいんだよ」と、わめきました。

それを見て、私は「溜まっている怒りをそうやって、表現したんだな。膿みが出たんだな」と、思いました。

それは、私が携帯電話を折って怒りを爆発させたのと同じだと思ったのです。

お父さんや私、周りに対して、「わかってよ」と、自分の悲しみ、怒りを表現しているのだと思いました。

その時、私はちょうど夕飯の準備をしていて、息子にどう接したらよいのかわからず、ただおろおろしていただけでしたけれど、「溜まっているものが爆発したんだ」ということだけは感じていました。

**大工見習いの２年間**

大　中学２年生の不登校の時に、お父さんの手伝いをしていたのですか？

父　そうです。自分は大工なので、仕事を手伝わせようと思ったのです。あと、そのころは長男の受験期だったのと母が家に居たので、次男に家に居させないようにと考えてのことでした。

大　息子さんの仕事ぶりは、どうでしたか？

父 けっこう器用だし、覚えもいいし、よかったですよ。
　　でも、2年ほどしたらパタッと辞めましたね。
大 いまは息子さんと、どんなふうに過ごされているのですか？
父 普段、次男とは話をしないですね。でもこの前、トイレが壊れ
　　た時に2年ぶりに「父ちゃん、トイレ壊れている」と言って
　　きました。
　　自分に言えば、直してくれるってわかっているのですよ。
大 息子さんが、最悪の状態から少しづつ回復してきたきっかけは
　　何でしたか？
母 おばあちゃんの過干渉が減ったこと。孫に対しても、嫁の私に
　　対しても。
　　まだ、うるさいなあと思うこともありますが、歳もいってるの
　　で、おばあちゃんが、孫を頼るようになった。
　　たとえば、高いところの物をとってもらう、天袋に扇風機をし
　　まうなどです。
　　次男も、素直に動いていて、おばあちゃんも「ありがとう」
　　と、感謝してくれています。

## 家族会の使い方

大 つらい時に、助けになった人はいますか？
父 次男が小学生だった時に、同じ不登校の親同士で話すことが、
　　いちばん気持ちがわかり合えた。
　　ただ、同学年の親としか交流が持てなかったので、単なる愚痴
　　の吐き出しだけで終わっていたのは残念でしたね。
大 行政の相談窓口は、利用しましたか？
母 スクールカウンセリングに行っていましたが、カウンセラー
　　さんとの相性が大事だと思いました。
　　あとは、小学校内にあるこころの相談室は、私自身の話を聴い
　　てもらい、少し気がラクにはなったかもしれません。
　　練馬区の相談室も何回か利用しましたが、質問ばかりされて

うんざりしました。

担当の先生が合わなかったのかもしれません。

その時のアドバイスは「子どもに寄り添ってください」だけだったと、記憶しています。

東京都児童相談センターにも行きました。

現在は、保健相談所に相談をしたり、家族会に夫婦で参加したりしています。

大　いろんなところに出向いているのですね。今後も出向き続けたいと思うところはありますか？

母　家族会（注1）ですね。ただ、家族会でも重い話を聞いてしんどく感じることもあるし、自分の心配ごとの話をして、気がラクになることもある。

　　要は、こちらの使い方次第だと思いますね。

大　お父さんはどうですか？

父　私も家族会はいろいろな人と会えること、何でも話せることがいい。

　　ひきこもり当事者も参加しているので、その人とも語り合うことができます。

　　家族会は、貴重な存在だと感じています。

## 精神的に疲れている親の支援がほしい

大　家族として、どのような支援サービスがあったらいいと思いますか？

母　精神的に疲れてしまっている親への支援がほしいですね。

　　本人が外に出てこられないとすると、外からの本人への支援はなかなか難しい。

　　まずはいちばん近くにいる家族が支援者となるので、家族へのカウンセリングがあるといい。

　　母親だけではなく、父親、必要ならきょうだい、家族全員。

　　親が大変な状況、ストレスを抱えていたら、子に対して適切な

対応はできない。

親には精神的、時間の余裕が必要だと思うし、知識が必要だと感じます。

大　今後のことは、どのように考えていますか？

母　いまは家事を教えています。

小さい時から手伝いはさせていました。いまは料理をしていますよ。

コンビニへも行っています。

精神的にも、ここ1年は安定しています。

周りからの声かけをしてもらいながら、次男とこれからのことを考えていけたらと思っています。

父　いまは安定していますが、「将来的には何でもいいから、仕事はしてほしい」というのが、親の願望ですね。

大　わが子に、いま伝えたいことはありますか？

母　いまもこの先も、「大事なかわいい息子」であるということ。

言葉では伝えていないけれど、本人には伝わっているような気がする。

最近、なんとなく素直なので、可愛い。

父　親バカだから、単純に息子は可愛い。

「生きていることに、意味や価値がある。親より長生きしてくれれば、それでよし」

父としてそれがいちばんの幸せ。


（注1）家族会…東京都練馬区で活動しているひきこもりの家族会のこと。詳しくはP121参照。

# 娘がいたから
# 親が変われた

キンちゃん（68歳・父親）　きなこ（64歳・母親）　〈東京都〉

**家族**　長男34歳、長女33歳（不登校　ひきこもり）

## これまで

長女が小学校の高学年の頃から、学校の行き渋りがはじまる。

起立性調節障害（注2）になり、「不登校」に拍車がかかる。

中学1年生でも、いじめによる不登校があった。

高校は「不登校」の専門学校を選んだが、そこでもいじめに遭い退学。

NHK学園で高等学校卒業程度認定をとり、卒業後は安心できる居場所探しをしている。

高校生の時からカウンセリングを受け、現在も継続中。

## 学校に行ってほしい

大　小学校では、どんな生活でしたか？

母　小学校高学年の頃から、学校に行きたがらなくなり、登校しても保健室で休んでいたことが、結構ありました。

その時、保健室の先生から、起立性調節障害と言われました。そのことが、「不登校」のきっかけになったのではないかと思います。

日野市でカウンセリングをしているところがあり、娘が18歳までは、そこで私と一緒にカウンセリングを受けていました。ただ、そこのカウンセリングもその後数年でなくなったので、

他所のカウンセリングを探して、現在も続けています。

大　子どもが「不登校気味」になった時、お父さん、お母さんはどのような対応をされましたか？

父　やっぱり、学校には行ってほしいとの気持ちが非常に強くありました。

娘には直接的には声かけはしませんでしたが、心の中では「学校だけは出てほしい」と思っていました。

あと、第三者の先生とかに任せっきりというか、「専門家に任せていればなんとかなるのでないか」と、楽観的に考えていたところがありましたね。

母　私も、同じように考えていましたね。

## いじめのもらい事故

大　中学での「不登校」の原因は、どんなことだと思いますか？

母　中学1年生の2学期に、合唱祭があったのですが、その後から行けなくなったのです。

どうも原因は友だち関係のようでした。転校してきた子がいじめを受けていて、その子といつも一緒にいたうちの娘も、いじめを受けるようになったようです。

学校に行けなくなった時には、やっぱり私は学校には行ってほしいとの思いがあったので、子どもに「学校に行きなさい」と、ずいぶん強く言っていました。

スクールカウンセラーさんに会うようになって「そうじゃないんだ」とわかってからは、「家にいるのは仕方がないんだ」と思うようになりました。

大　お母さんは、娘さんに付き合って一緒に戦ってきたのですね。

母　そうですね。いまでも娘がどこかに出かけるというときは付き合っていますよ。

そんなこともあるので、娘が行きたいと思える居場所がもっと見つかるといいなと思って、探しています。

## お父さんの理解がほしかった

大　親として何が困りましたか？

母　主人が理解してくれなかったこと、もっと協力してほしかった
　　のに、仕事に逃げていたことですね。私が何回も関わってほし
　　いと頼んでも、わかってもらえなかったですね。

　　主人は子どもたちが小さい頃から、話しかけたり遊んでやった
　　りということがなかったので、子どもたちには、すごく怖い存
　　在だったみたいです。

　　とくに娘は「お父さんに殺されるんじゃないか」と思ったくら
　　い怖かったらしいです。

大　娘さんの気持ちがわからなくて、苦しいと思ったことはありま
　　せんでしたか？

母　そうですね。もっと気持ちをわかってあげられればよかったで
　　すね。

　　カウンセラーの先生にはいろいろと相談はしていましたけれ
　　ど、娘の気持ちをわかってあげることはなかったかもしれない
　　ですね。

父　私が娘に対して「あれやっちゃあダメ、これやっちゃあダメ」
　　と、心配のあまり先回りして言っていたので、娘は、「親に
　　言っても否定的なことを言われるのではないか」と、自分の気
　　持ちを伝えられなかったことがあったのではないかと思います。

大　そのときに、助けになった人はいましたか？

母　話を聴いてもらったカウンセラーさんの存在が、大きかったで
　　すね。

大　親身に話を聞いてもらえましたか？

母　いままで何人かのカウンセラーさんからカウンセリングを受け
　　てきたのですが、あちらの都合で、カウンセラーさんが代わる
　　ことが多くて、本当はずっと同じカウンセラーさんに聴いても
　　らいたかった、という思いがあります。

カウンセラーが代わるたびに、最初から話さなくてはいけない
ので、娘はそれが相当にしんどかったようです。

父　親にできることはないかと、日野市にある家族会（注3）に行
くようになりました。

行ってみたら、そこには自分たちのように困っている親たちが
いて、ほっとしました。

「親は、何をしてやればいいのか」というようなことを教えて
もらいながら、いまは娘と接しています。

母　夫婦で参加できてよかったと思いますし、夫がきちんと関わっ
てくれるようになったのが嬉しいです。

**好きなこと、探して**

大　娘さんの対応でうまくいかなかったことはありますか？

父　娘にとって私は、「無関心な親、関わってくれない父」と、思
われていると思います。

それが、いちばんよくなかったですね。

母　娘が「スキンシップがなかったし、もっと声をかけてほしかっ
たな」と、いまになって言うようになりましたね。

私ひとりで頑張ってきたので、「もっと夫婦で関わってあげれ
ばよかったなあ」と思いますね。

父　娘が高校を辞めたいと言った時に、私は娘には友だちづくりを
いちばんに希望していたので、学校には行ってほしいという思
いがあった。

友だちとの関係といったものがあれば、これからもやっていけ
るのではないかと、希望を持っていました。

その当時、私は、土日になるとゴルフやら地域のお祭りやら
と、そういったことばかりやっていて、ほとんど家にはいま
せんでした。家庭から遠ざかっていましたね。

大　いま、娘さんに伝えたいことはありますか？

父　働くことについて、以前は非常にこだわっていて、なんとか仕

事についてほしいと思っていましたが、いまは、やはり自分の気持ちを大切にして、好きなことや、やりたいことが見つけられたらいいなと思います。

好きなことや、やりたいことがあれば、娘もラクになるのではと思うのです。

そのためには、親としてどう手助けをしたらいいかを考えています。

娘がやりたいことができる環境をつくったり、興味のあることを引き出してやったり、気持ちを表に出せるような対応を、家族でひとつずつしていけたらと思っています。

以前は、人と関わらなくてもできる、職人みたいなことだったらいいのかなと考えたこともありましたね。

母　私も主人と同じで、仕事でも何でも、自分の好きなことをやってほしいと思いますね。

最近、主人に相談すると、一緒に考えて、動いてくれるようになったので、有り難いです。以前よりも優しくなって、嬉しいですね。

## 親が変わるということ

大　生きづらさを抱える子どもを見て、思うことはありますか？

父　いままで自分のことを「自分は、非常に理解があって優しい人間だ」と思っていました。

しかし、その認識は誤っていましたね。

これまでを振り返ると、自分に厳しいあまりに娘にも厳しいところがありましたね。

娘も、たぶんそう感じていたと思います。

これからは、娘と向き合い、娘の気持ちを聴けるようにしたいです。

「親が変わらなくては」とよく言われますが、親が変わるとはどういうことなのか、どのように変わることなのだろうかと、

ずっと考えていたのですが、そのヒントが私の中で見えてきました。

私の気持ちが変わらなくては、子どもは変わらないのだと、気づきました。

「子どもはなんとかなる」「お金さえ困らなければ、なんとか子は育つものだ」という楽観主義で来ましたが、「親も少し変わらなくちゃ」という気持ちが芽生えましたね。

母　子どもと向き合ってみて、親も足りないところがあると気づいたりと、いろいろと考えさせられます。

娘の生きづらさのおかげで、親も少しずつ成長しているのかなと思いますし、教えられているのだと思います。

父　やはり親も変わっていかなければ、子どもも変わらないのだと思う。

それと、親がもっと人生を楽しまなくてはいけないと思う。

私は「ねばならない」というのがけっこう強いので、私がこうなったらいいなと勝手にレールを引いてしまい、娘に押し付けているところがあったと思う。

これからは、娘の気持ちを尊重して、やりたいようにやらせていきたいと、つくづく思いますね。

（注2）起立性調節障害…自律神経失調症の一種。身体的要素以外に、精神的、環境的要素も関わっていると考えられている。小学生の高学年から中学生に多くみられる（参考：一般社団法人日本小児心身医学会ホームページ）。
（注3）日野市にある家族会…ひきこもり等の地域家族会のこと。詳しくはP120参照。

# ありがとうの言葉しか
# 見つからない

後藤誠子（52歳・母親）　　　　　　　　　　　　　　〈岩手県〉

家族　元夫50歳、長男29歳、次男26歳（ひきこもり）

**これまで**

次男は小さい時から自分のことを言葉にするのが苦手。すぐに
かんしゃくを起こし、お菓子売り場などでひっくり返ったりす
る子どもで、育てづらい子と思っていた。

普段は口が重くしゃべらないが、人にすぐに手を出してしまう
ところがあり、学校に呼ばれては謝り、けがをさせてしまった
相手の家に次男と菓子折りを持って謝りに行くといったことが
あった。

それでも、当時は元気のいいわが子くらいにしか思わなかった。
高校1年生の時から不登校がはじまり、同時に生きづらい日々
が続いた。

夫とは15年前に離婚。長男は結婚して自立。現在はひきこもり
の次男と2人暮らし。

**兄からの暴力**

大　子どもの頃はどうでしたか？

母　次男は小学校の時から同級生に手を出したりして、よく問題を
　　起こしていましたので、兄はそんな弟が恥ずかしくて、すごく
　　怒るようになりました。

　　そのうち、次男が不登校になると、怒り方はさらに強くなり、

弟に暴言や暴力を振るうようになっていました。

大　お母さんは、それを止めましたか？

母　止めてはいたけれど、その暴力が私に向かってくるのではないかと思うくらいに、お兄ちゃんの暴力がひどくて。止めるのも本当に大変でした。

大　お母さんは、息子さんにどんな対応をしていましたか？

母　次男は、感情のコントロールができないみたいで、友だちとのトラブルもよくよく聞いてみると、相手が悪かったりと、ちゃんと理由はあるのに何もしゃべらないから、相手に伝わらない。なので、私もつい、怒っちゃうとかしていましたね。

大　お母さんが、離婚したのはいつ頃ですか？

母　いまから15年前で、次男が小学6年生の時です。

大　離婚の原因は何でしたか？

母　そうですね、お互いにいろいろとあったとは思うのですが、私にとっては、夫のDV（注4）が大きかったですね。

大　子どもたちにも、手が出ていましたか？

母　それはありませんでしたが、私が夫からDVを受けている場面を子どもたちは見ていましたね。
夫は子どもの前でも手をあげていましたから、それはやっぱりショックだったろうと思います。

大　ご主人は、子育てには無関心だったのですか？

母　それが、DVする人って結構普段はいい人だったりするんですよね。
夫も普段はいい人で、子どもの面倒も見てくれるのに、お酒が入ると豹変するというか、暴力が出ていました。

## 「不登校」あるある状態

大　息子さんの不登校はいつ頃からですか？

母　16歳の高校1年生の夏から3年生までです。
1カ月休んではちょっと行って、何カ月か休んではちょっと

行って、というような不登校でした。

大　その時、お母さんはどんな対応をされましたか？

母　ある朝突然に、次男がベッドから起き上がれなくなっちゃって。まさに、不登校あるあるの感じでした。

でもその時の私は、何が起きているのかが全くわからなかったし、「それって何、不登校？」って感じでしたね。

そんな状態だったので、無理矢理引きずり起こして学校に行かそうとしていました。

大　本人は、それで学校に行ったのですか？

母　いや、もう私より体が大きかったですから、引きずっても玄関までが限界で、それ以上は無理でした。

大　その時、息子さんは何か言いましたか？

母　言葉は何も出なくって。

とにかく、体をぎゅっとして布団から出てこないとか、布団を引っ張られないようにしていました。

大　その時、親としてどんなことを考えていましたか？

母　とにかく、何が起きているかわからなかった。

「なんで自分の子どもが」、とそればっかり考えていました。

とくに私は、これまで普通に学校に行き、「学校は楽しい」と思ってきたので。

長男も同じように育ってきたので、なんで次男だけそうなるのかが全くわからなかった。

大　いちばんしんどかったことは、何ですか？

母　何が起きているのかが全くわからなかった、それがいちばんしんどかったです。

誰に「助けて」って言ったらいいかもわからないし、病気なのか、助けてもらえるものなのかもわかりませんでした。

大　誰かに相談しましたか？

母　その時は、学校のスクールカウンセラーだったり、県の教育支

援センターとか、いろんなところに電話したりしました。病院にも連れて行きました。

大　よく病院に行きましたね。

母　そうなんです。学校にはあんなに行きたがらなかったのに、病院にはすんなり行きましたね。

　　本人も「病名がついてくれたら、ラクなのに」と言っていました。自分でも、なんでこうなったのかがわからなかったようでした。でも、結局のところ診断名はつきませんでした。

大　いちばん苦しかった時に助けになったのは、何でしたか？

母　誰かに言われたんじゃなくて、「これは何だろう」と自分で考えてみて、「強く学校に行け行けと言っても、なんとかなる問題じゃないんだ」と思えるようになったことです。

　　「強引なことをやってみても何もよくならなかったし。かえってどんどんひどくなっているから、やらないほうがいいんじゃないかな」と思って、ちょっとやめてみたんですよ。

　　そしたら少しよくなった。コミュニケーションも少しとれるようになって。

　　そんな日々が続いて、高校卒業間近になって、次男から「東京に行くよ」って言ってきました。

　　エネルギーがちょっと溜ったのだと思いました。

大　よくご自分で、そこまで考えられましたね。

母　斎藤環（注5）さんの本を一生懸命に読みました。

　　本の中に「馬を水飲み場まで連れて行くことは誰にでもできるが、最後に水を飲むのは本人だよ」というようなことが書かれていて、それを読んだ時に「一生懸命に学校に行け、行けと言ってもダメなのかな」と気づいたのかもしれませんね。

　　そんな状態でしたが、なんとか高校は卒業しました。

**家族会には、抵抗があった**

大　高校卒業後は、どうしましたか？

母　卒業して、東京のギターをつくる専門学校に１年間通っていました。

大　ギターをつくることに興味があったのですか？

母　高校のときの友だちでギターが好きな子がいて、次男と２人で弾き語りや、路上で演奏したりしていましたので、その影響だと思います。

　ですが、その専門学校も途中で行かなくなり、そのまま辞めることになりました。

大　辞めて、どうしましたか？

母　家に戻ってきました。戻って最初のころは、まだエネルギーが残っていたようで、ちょっと動ける感じでしたね。

　一緒に旅行に行ったり、自動車学校の手続きをしたり、家でご飯をつくってくれたりとか、私にいろいろ付き合ってくれました。そんな次男の様子を見て、私は「お母さんに悪いことしてるな」って次男なりに感じているのだと思っていました。

　そういう生活が７、８カ月くらい続いていたのですが、そこからまた、すごく状態が悪くなって、がっつりひきこもりになりました。

　部屋からあまり出てこないし、昼夜逆転になって、ご飯も１日１食くらいしか食べないという状態になってしまいました。

大　その時、お母さんはどんな対応をされましたか？

母　高校生の時は、やっとなんとかなったと思っていたのですが、さすがに２回目だったので、これは私だけでは、もうなんともならない。誰かに助けてもらわなくてはと思い、「北上市の親の会」（注6）に行きました。

大　それまで、家族会のイメージはどんなものでしたか？

母　行くまでは怖いというか、不安もあるし、当時の自分としては「自分は、そこまで落ちていない」「私は、不登校の親の会に行くような人ではない」という思いがあったので、正直抵抗があ

りましたね。

大　実際に行ってみて、どうでしたか？

母　そこでめっちゃ号泣しちゃって、「自分以外にも、こんなに困っている人がいたんだ」というのがわかり、ほっとしたというか安心しました。

　　それまでは、「私だけがこんなにつらい思いをしている」と思い込んで、悲劇のヒロインになっていましたから。

## おやじギャグが嬉しい

大　家族会に行くようになって、何か変わりましたか？

母　次男が部屋から出てくるようになり、私と普通に会話ができるようになってきました。

　　食事も1日2食くらいはとるようになりました。

　　そのうちに、私のほうがだいぶ悟ってきて、次男の心配ばかりせず、自分のしたいことをやるようにしました。するとだんだんと次男との信頼関係が築けてきて、次男も普通に生活ができるようになっていました。

大　息子さんに対して、うまくいったと思える対応はどんなことですか？

母　お笑い番組とかを一緒に見て笑ったり、ご飯をただ食べるだけじゃなくて「これおいしいね」とか「これはあまり美味しくないね」とかの感情の共有をしたことですね。

　　「次男と一緒になって笑うとか泣くとか、怒るとかってすごく大事なんだ」と思いました。

大　息子さんの反応は、どうでしたか？

母　そこからすごく信頼感が出てきたというか、顔の表情も豊かになって、少しずつコミュニケーションがとれるようになりましたね。

大　コミュニケーションがとれるようになったというのは、具体的にどんな感じですか？

母　ご飯を食べながら、「おいしいね」と言うと「おいしいね」と
　　返ってきたり、テレビを観て一緒に笑うみたいな。
　　いまは冗談やおやじギャグも言ってくれますよ。

## 「居場所」のお母さんにアドバイス

大　息子さんが、お母さんの居場所（注7）の手伝いとか、ピアの
　　活動を一緒にしてくれるきっかけは何だったのですか？

母　2カ月前からピアサポーターになってくれたんですけど、それ
　　までは「居場所は自分には必要ない」と言っていたんですよ。
　　私は、実際にオンラインだったり、リアルに当事者の人と関わ
　　る中で、「次男はもうこのままでいいんだ」と思うようになっ
　　ていました。
　　それまでは心のどこかでやはり、「友だちと出かけたり、働い
　　てほしい」と思っていたのが、バーンと突き抜けちゃって。
　　「別にいいんじゃない、仕事しなくたって。生活保護でもなん
　　でもいろいろやれば、なんとか生きていけるでしょ」と悟っ
　　ちゃったのが、たぶん大きいんじゃないかと思います。

大　お母さんがそこまで変わった姿を見て、じゃあ俺も行ってやる
　　かみたいな感じですかね。
　　なんで手伝う気になったのか聞かなかったのですか？

母　聞いてもそういうことは、しゃべらない。
　　お金もらえるからと上辺のことしか言わないんです。
　　内面のことを聞いても、すぐにシャットダウンされる。

大　お母さんは、本人の生きづらさをどのように理解しています
　　か？

母　「ピアスタッフをやってくれないか」と頼んだ時に、ひとつも
　　返事してくれなかったから、息子が通っている多機能型事業所
　　の相談員さんに相談しに行ったんですよ。
　　相談員さんに、「なんで、何も言わないのだろう」と聞いた
　　ら、「お母さん知らないの」って言われて、「彼は、本当に自分

の気持ちを言うのが不得意なんですよ」と教えてくれました。

大　お母さんは、息子さんとコミュニケーションはとれていると
言っていましたよね？

母　私が聞いたことや、喋ったことに対しては応えてくれるから、
私の中では普通にコミュニケーションがとれていると思ってい
たのが、よくよく考えてみたら確かに私が一方的に話すことが
多く、次男からの言葉は少ないですね。

　　次男は多機能型事業所にもう２年近く通っているのですが、
その相談員の人は、これまで、１回しか話しかけられたことが
ないと言っていました。

大　その話しかけられたことって、何だったんですか？

母　次男の姪っ子、私の孫が去年、生まれたのですが、その時に
「俺、おじさんになったんだよ」って話しかけたんですって。
それしか話しかけたことはないんですって。

　　姪ができたことがよっぽど嬉しかったんだと思うけど、そこま
でしゃべるのが苦手だなんて、びっくりしました。

大　自分の体験は、居場所で語らないのですか？

母　全然話さないです。お母さんたちの話を聞いてあげて、困って
いるお母さんに対して「それは、本人はこう思っているんです
よ」と助言はしているけれど、自分の話はしないみたい。

　　あとから、お母さんたちに聞くと、「アドバイスしてくれたよ」
と教えてくれます。

大　それを聞いて、びっくりしましたか？

母　びっくりしました。そんなことを言うとは思ってもいなかった
から。

### ギターを教えている

大　いまは落ち着いて、ピア活動ができているのですか？

母　そうですね。いまピアスタッフの報酬を次男に出しているので
すが、昨日、次男からお金をもらいました。

「スマホとWi-Fi料金払うよ」とか言って、1万円ももらっちゃった。

実は、お金は私より持っているのよ。

大 どうしてですか？

母 私からのお金と、来てくれているお母さんたちにギターを教えたり、編物をして物を売ったりして、現金収入は私よりあるみたい。

大 それはすごいですね。

母 そうなの、ただ仕事には行かないってだけなの。

大 仕事に行かないのは、いまの世の中の労働環境に合わないだけであって、自分の納得できるやり方だったり、自分のペースに合ったやり方ならできるのですね。

母 そうそう。そうやってお金をいただけるようになっているから、私はもう、これで十分だと思っています。

**ひきこもりとニートの違い**

大 お母さんは、今はもう不安はないですか？

母 そう、私はもうありません。

ただ、次男がまだ自分のことを「ひきこもり」って言うところを見ると、次男の中ではこれではまだダメだと思っているようです。

そこが私にはすごく疑問なんですよね。

「なんで自分のこと、『ひきこもり』って言うの」と聞いても言わないのですよ。

ニートとかフリーターって言えばいいのにと思うのですが、次男は「なんかフリーターではないと思う」と言って、「ひきこもり」だと言い張るんですけど何でしょうか。

息子にその訳を聞きたい。

大 そうですか。お母さんの中でニートと「ひきこもり」の違いって何だと思いますか？

母　私の中では、なんとなくですが、「ひきこもり」っていうのは
　　ネガティブな理由があって外に出られない。ニートは出られる
　　けど、それを自分で選択しない、という違いかなと。
　　　だから、「選択して家にいるわけではないよ」と言いたくて、
　　自分は「ひきこもり」って言っているのかなって、思うんです
　　けど。どうなんでしょうか。

大　ニートと「ひきこもり」の違いは、人付き合いができるかでき
　　ないかなんですよ。
　　　ニートは別に人間関係に困ってはいないのです。
　　　「ひきこもり」というのは人間関係をシャットアウトしてい
　　る。そこが違うのですよ、本人からすると。
　　　共通なところは単純に働いていない。世の中の働き方に適用で
　　きないってところは、「ひきこもり」もニートも一緒なんだけ
　　ど、社会性があるかないかとか、人との付き合いができるかど
　　うかというところの差があるんですよ、たぶん。

母　ほおお、そこかぁ。すごくわかる気がします。

大　息子さんの生きづらいところは、人との距離感がわからないと
　　ころだと思いますよ。

母　なるほどね、たしかにそうです。

大　息子さんは、「自分を開示できていないこと」は、よくわかっ
　　てるんですよ。
　　　自分のことを説明するのが苦手だから、「ひきこもり」だと
　　言ったらそれ以上、相手は突っ込んでこないと思いませんか。

母　そうですよね、それ以上に突っ込まれないですよね。
　　　そういえば前に「自分のことを説明するのが面倒くさいから
　　『ひきこもり』って言ってる」と言っていました。
　　　そうか、そうやって自分を守っているのですね。

**回復のカギは、母親のわたし**

大　息子さんの回復のきっかけは何だと思いますか？

母　私が変わったことがいちばんだと思いますね。

　　あと、猫を飼い始めたことですね、すごくそれはよかったと思います。

　　やっぱり自分が世話してあげなきゃいけないもの、世話をしないと死んでしまう生き物。人と違ってこっちが愛を注げば、動物は無条件で愛してくれるでしょ。

　　それがすごく精神的な安定になって、自信がついたんじゃないかなって思いますね。

大　やっぱりアニマルセラピーっていうのは効果があるんですね。

母　うちの猫ちゃんはすごくふわふわしていて、触ってるだけで私も癒されますね。

　　次男は溺愛してますよ。

大　お母さんは、自分の人生を振り返ってみてどう思いますか、よかったですか？

母　いまは本当によかったと思っています。

　　次男がひきこもりになったことには、私もいくらか責任があると思います。

　　だけど息子のおかげで、逆にいろんなことに気づけたし、障害がある人たちとか、精神の病気を患っている人たちと実際に会ってみて、楽しい人や魅力的な人がいると思えた体験は、絶対になかったと思うし。

　　180度違うものの見方ができたことは大きかったです。

　　だから次男には本当に感謝しかないですね。

大　本人への対応で、失敗したと思ったことは何かありましたか？

母　失敗したことは、無理やり学校に行かせたことですね。

　　あとは「なんで、なんで」とすごく聞いたことですね。

　　「なんで学校に行けないの」っていう、いちばんしてはいけない質問をしましたね。

　　私もわからなかったから、つい言ってしまいましたね。

大　夢って、いまありますか？

母　いまやっている居場所をちゃんと運営して、私が居ようと居ま
　　いと、ずっとやっていける居場所にしたい。

　　それと、私みたいに不登校やひきこもりのことで苦しんでいる
　　お母さんたちを少しでも減らしたい。

　　「こういうことだよ」って、言い続けていきたいと思っています。


（注4）DV…「ドメスティック・バイオレンス」に明確な定義はないが、
　　　　日本では「配偶者や恋人など親密な関係にある、またはあった者
　　　　から振るわれる暴力」という意味で使用されることが多い（参
　　　　考：内閣府男女共同参画局ホームページ）。
（注5）斎藤環…精神科医、批評家。著書に『社会的ひきこもり』等があ
　　　　る。
（注6）北上市の親の会…岩手県北上市の不登校・ひきこもりの親の会
　　　　（家族会）。
（注7）お母さんの居場所…岩手県北上市の不登校・ひきこもりの居場所
　　　　「笑いのたねプロジェクト」詳しくはP119参照。

# 孫の居場所になる

**市川乙允**(74 歳・祖父) 〈東京都〉

(家族) 妻70歳、長男47歳、長女43歳、孫21歳(不登校)

## これまで

娘（長女）が、不登校ひきこもりの経験者。小学校から中学 3 年生まで、クラスの女子からのいじめが原因で不登校になる。

中学卒業後に定時制の高校に進むが行けなくなる。

その後「イタリアプロジェクト」(45 日間 7 名のグループで、イタリアでの農業体験を通して、不登校・ひきこもり状態にある若者の回復を目指すプロジェクト。1994 年～2001 年実施)に参加して元気になり、その関係で知り合った女友だちと行った旅行先で、今の夫と出会い 20 歳で結婚する。

結婚してから通信制高校(NHK 学園)に行き、卒業する。

その娘の子ども(孫)が、中学 1 年生で不登校になる。

## 娘の不登校

**大** 娘さんの不登校がわかった当時、どのような対応をしましたか？

**祖** そりゃあ、僕は焦りましたよね。

女房はいろんなところに相談したり、地域の皆さんから友人関係、兄弟姉妹まで全部オープンにしていました。

僕は、当時会社人間でしたから、戸惑っていましたね。

そのうち女房から教えてもらって、はじめて東京シューレの親

のつどい（注8）に参加してみて、「こんなに不登校のことで悩んでいる親がいるのか」とわかりました。

大　その時は、何がいちばんしんどかったですか？

祖　とにかく娘は学校に行かない、そして神経症が出てきたことですね。

そこで、とにかく病院に連れて行ってみたのですが、30年位前のことですから、先生もよくわからない時代だったようで、どうにもなりませんでしたね。

次に、臨床心理のカウンセラーさんのところに行ってみました。そこでカウンセリングを受けるようになり、心療内科を紹介してもらい受診に繋がりました。

抗うつ薬を飲むようになり、カウンセリングも継続しているうちに少しずつ回復してきて、家にいることは少なくなり出かけるようになっていきましたね。

現在は実施されていませんが、その当時、「イタリアプロジェクト」というのがあって、そこに行けるようになりました。

大　「イタリアプロジェクト」は、どうやって見つけたのですか？

祖　新聞からです。親戚の人が見つけて教えてくれたのです。

女房が娘の「不登校」をオープンにしていたので、そういう情報が入ってくるのですよ。

大　当時、「不登校」はまだはしりだった頃ですから、とても勇気がいったでしょうね。

祖　そうです、大変なことですね。でも、それがよかった。

女房はオープンな性格でね、いまでもそうですね。

女房の知り合いやら、地域の力が非常に大きかったですね。

大　回復のきっかけは何だったのでしょうか。

祖　それはやっぱり、女房がオープンにしたことですね。

そして、「イタリアプロジェクト」に参加したこと。

神経症から医療にかかることができ、心理カウンセラーさんに

もお世話になったので、こういったものが総合的に相まって、回復に向けてのきっかけになったと思います。

## 人の輪と地域のちから

大　親として振り返ってみて、よかったと思うことは何ですか？

祖　僕が思うに、娘が「イタリアプロジェクト」に参加したことで、関係者に知り合えたこと。

　　向こうからも来てくれましたし、僕も行きました。

　　そうやって交流ができ、輪が広がったことですね。

　　その時に、関係者に「あなたは会社人間で終わっていいのか」と言われたことが、僕には効きましたね。

　　イタリアでは、夫婦関係は対等なパートナーであって従属関係ではない、まさに対等な関係なのだと気づき、会社人間で終わらないために地域活動を始めました。

　　いまは、地域の町会の役員、ボランティア団体の代表をやっていますが、これがとてもいい。

　　地元であいさつができる人がたくさんいるということは、本当にいいことです。

　　自分の居場所にもなっていて、本当に素晴らしいことだと思っています。

　　これを気づかせてくれたのは、娘のおかげです。

大　どのようにして、不登校の父のつらさを乗り越えましたか？

祖　僕も女房を見習って、会社でまず上司、同僚に娘のことをオープンにしてみました。

　　めちゃめちゃラクになりました。それまでは、会社で仕事をしていても常に娘のことが頭にあって「今日はどっか行って元気になったかな」と、しょっちゅう考えているものだから、同僚と仕事帰りに飲みに行ってもつまらなかった。

　　それがオープンにしたらすごくラクになって、仕事も人間関係も楽しくなった。

これはすごいことですよ、やってみないとわからないと思いますね。

大　ご夫婦で、娘さんの対応はどうされたのですか？

祖　夫婦で役割分担をつくりました。娘は母のほうが話しやすいしフレンドリーに接しやすいので、女房は娘の話を受け止める。

　　僕は基本方針を立てるのと女房の話を聞く。

　　家では聞けなかったから、喫茶店で聞きましたね。

大　いま困っているお父さんにメッセージをください。

祖　不登校、ひきこもりになったときは慌てず、まず否定・批判しないで受け止める。

　　子どもと信頼関係をつくって、信じて応援する。

　　僕はこれを学びました。

## 孫の不登校

大　お孫さんの不登校はどんなでしたか？

祖　娘と同じ、中学１年生の３学期から不登校になりました。

大　おじいちゃんとしては、どんな対応をされたのですか？

祖　「いつでもうちにおいでよ」とか、「ごはん食べよう」など、息抜き、気分転換の場をつくりました。

　　そんなことをやっていたら、フリースクールの中学校に行きましたね。

大　フリースクールに通うまでに、どのくらいの期間があったのですか？

祖　いや、ほんの数カ月でした。

　　じいちゃん、ばあちゃんのところは、あくまで「ほっとする場所だよ」ということ、これが大事なんですよ。

　　孫はいま大学３年生ですが、僕らはいまでも変わらずにやっていますよ。

　　親はどうしても感情的になってしまいますが、僕らは第三者ですので、こういうことができるのですよ。

**家族会で、親のストレス軽減**

大　家族会は、どう利用したらいいのでしょうか？

祖　「悩んでいるのは自分ひとりじゃない」と知っていただき、孤立しないでぜひとも家族会に来ていただきたい。

　　自分たちと同じ仲間で助け合う、そういったところにぜひ最初に繋がっていただきたい。

　　そして、何よりも家族が安心することが大切。

　　安心すると気持ちが安定する、このことがご本人にいい影響を及ぼします。

　　親たちには、仲間がいることに気づいてほしいですね。

大　親御さんにメッセージをお願いいたします。

祖　自分の住んでいる地域で家族会をつくるなり、地域の皆さんにひきこもりについて、正しく理解してもらい、偏見をなくしてもらうように積極的に動いていただきたいと思います。

　　僕が関与しているKHJの「楽の会リーラ」（注9）でもご支援いたします。

（注8）東京シューレ…フリースクールの運営を中心に、不登校の子どもとその親の支援活動を東京北区王子を拠点に実施しているNPO法人。

（注9）楽の会リーラ…東京都豊島区巣鴨に事務所があるひきこもりの家族会の名称。詳しくはP129。

# 第4章
# 「自分らしい生き方」を
# 応援する民間の活動団体

　本章では、「学びの機会、居場所、仲間づくり、家族会等」
を行っている、民間の活動団体を紹介しています。

※ここで紹介している活動団体はあくまでも一例にすぎません。本書が、
　自分に合った活動団体を見つけるきっかけになれば幸いです。

## NPO法人 登校拒否・不登校を考える全国ネットワーク

家族 支援者

| 活動地域<br>連絡先 | 全国　TEL：03-3906-5614（FAX同番）<br>E-mail：info@futoko-net.org |
|---|---|
| 活動内容 | ①不登校に関する相談、講演会、シンポジウム開催<br>②「登校拒否・不登校を考える夏の全国大会」開催<br>③親の会の立上げ、運営支援・ネットワークづくり<br>④不登校オンブズパーソン事業（子どもの電話相談、子どもの救済活動など）　⑤不登校に関する冊子等の作成、普及　⑥不登校に関する政策提言、調査・研究 |
| 対象者 | 全国各地にある不登校・登校拒否について考える親（家族）や市民団体・子どもの居場所を運営している団体、不登校の我が子を持つ家族（親戚含）、支援者 |
| 料　金 | 正会員：入会金3,000円　年会費6,000円<br>賛助会員：年会費3,000円 |
| 設立・代表 | 1990年1月1日　奥地圭子 |

**［特色］**

　不登校当事者、経験者の子を持つ親（家族）が主体となり、不登校について理解を深め、支え合い、経験を共有する活動を通し、世間の偏見や誤解を変え、多様な成長のあり方・生き方が認められる社会を目指しています。不登校の親の会を緩やかにネットワークしている組織です。

**［メッセージ］**

　当会には30年に及ぶ不登校支援に関するさまざまな情報があります。いつでもお気軽にお問い合わせください。

全国大会の様子

親の会世話人会 意見交換会の様子

# 全国不登校新聞

| 活動地域<br>連絡先 | 東京都文京区（事務所）　全国（購読者）<br>TEL：03-6912-0981　FAX：03-6912-0982<br>E-mail：tokyo@futoko.org |
|---|---|
| 活動内容 | 不登校の子どもや親など「当事者の生の声」を中心とした不登校新聞の発行。編集には、当事者や経験者約80名からなる「子ども若者編集部」が関わっている。 |
| 対象者 | 新聞の購読者（不登校の子どもとその家族等）<br>子ども若者編集部（不登校・ひきこもり当事者） |
| 料　金 | 「不登校新聞」購読料月額835円（税込）<br>子ども若者編集部・登録料0円 |
| 設立・代表 | 1998年5月1日（創刊日）　石井 志昂 |

## ［特色］

　創刊23年。編集方針は、「当事者視点」に立ち、不登校、ひきこもりに関するニュースや学校外の居場所情報、相談先となる親の会情報等、最新の情報を発信すること。

　同じように悩み苦しむ当事者が共感、安心できる機会を毎月835円（税込）で提供。

※最新記事から過去の記事までスマートフォンやパソコンでいつでも閲覧できるweb版も配信。

## ［メッセージ］

　不登校で悩み苦しんでいたら一度、『不登校新聞』を読んでみてください。心の底で感じていた孤立感がきっと和らぎます。

不登校新聞

ある日の編集会議の様子

# すべての生きづらさを抱えた人たちのオンラインメディア
## 生きづらさ JAPAN

| | |
|---|---|
| 活動地域<br>連絡先 | 全国／インターネット<br>E-mail：info@ikidurasajapan.club |
| 活動内容 | ①ウェブサイト「生きづらさ JAPAN」上で活動<br>②イベント検索、読者投稿などさまざまな情報の発信<br>③リアル、オンライン問わず生きづらさに関するフォーラムなどのイベント開催<br>※リアル開催は、関東地域中心 |
| 対象者 | 不登校・ひきこもり、生きづらさに関わるすべての人 |
| 料　金 | 基本無料、有料会員は月 500 円 |
| 設立・代表 | 2019 年 9 月 13 日　武藤 直哉 |

## ［特色］

　身体障害、精神障害、発達障害、不登校、ひきこもり、セクシュアルマイノリティーなどを縦割にせず、横串を通すことで、「生きづらさ」を抱える仲間 1 人ひとりに共感して寄り添うメディアを提供しています。

　生きづらさをテーマとした全国各地域で開催されている居場所、イベント情報等が検索できます。また、閲覧者が参加・楽しむことができるコンテンツも用意しています。

## ［メッセージ］

　生きづらさの形はさまざまですが、世の中のほとんどの人が、何らかの生きづらさを抱えていると感じています。

　そういう意味では、すべての人が当事者で、すべての人が家族で、すべての人が支援者なのではないでしょうか？　生きづらさJAPAN では、さまざまな生きづらさを発信することで、同じ悩みを抱えている当事者を勇気づけられたらと考えています。まだまだ立ち上げて間もない団体ですが、皆様の生きづらさに寄り添いつつ、共に成長していけたら幸いです。

# TDU・雫穿（てきせん）大学
## （令和３年３月 NPO 法人申請）

| | |
|---|---|
| 活動地域<br>連絡先 | 東京都（本校）　全国・海外（生徒受入れ）<br>TEL：03-6205-6079<br>E-mail：info@tdu.academy |
| 活動内容 | 自分とは何者かを問い、自分の生き方を創る大学。学生が希望して生まれた 30 ほどのプロジェクトや講座があります（映像制作、演劇、音楽、美術、社会学、哲学、数学、生命論、学歴社会・不登校、現代史、ジェンダー・セクシュアルティーなど）。自分に合った人間関係、社会とのつながり方も見つけていきます。 |
| 対象者 | 18 歳以上の自分に合った生き方をつくりたい人<br>学歴・国籍等一切不問 |
| 料　金 | 学費：年間 63 万円、入学金：15 万円（減額制度有） |
| 設立・代表 | 2020 年 10 月 9 日　朝倉 景樹 |

## ［特色］

　大学に通う日数や時間も自分で判断して決めます。インターネットでの受講を選択する人もいます。さまざまな分野の専門家が必要に応じて力を貸してくれるのも特色です。さらに、多くの会社・団体がパイロットプロジェクト（自分の興味のあることについて、講座で経験を積み、さらに TDU を通して外部から仕事をもらって金銭を得ることができる）などを通じて応援してくれています。

## ［メッセージ］

　自分に必要な時間を自分にゆるし、人の助けを必要なだけ得ながら、そして、自分もできる範囲で人に手を差し伸べて、笑ったり涙を流したりしながら、一緒に自分の生き方をつくっていきませんか。

デザイン講座

みんなで棚づくり

# NPO法人 KHJ 全国ひきこもり家族会連合会

当事者　家族　支援者

| | |
|---|---|
| 活動地域<br>連絡先 | 東京都豊島区（本部事務局）　39都道府県56地域（支部）<br>TEL：03-5944-5250　FAX：03-5944-5290<br>E-mail：info@khj-h.com |
| 活動内容 | ①家族会における取組みを支援する活動<br>②ひきこもり問題の社会的理解と地域連携を促進する活動<br>③一般情報誌「たびだち」発行、出版、ホームページ等で情報を伝える活動<br>④ひきこもりの実態に関する調査・研究活動<br>⑤ひきこもり対策への提言を行う活動 |
| 対象者 | ひきこもり当事者経験者、家族（親、兄弟姉妹）、協働する支援者、有識者、年齢、立場、地域を問いません。 |
| 料　金 | 家族会によって異なります。料金、年会費の有無など、各家族会に直接お問い合わせください。 |
| 設立・代表 | 1999年12月1日　伊藤 正俊 |

[特色]

　KHJ全国ひきこもり家族会連合会は、唯一の全国組織として、ひきこもる本人とその家族が社会的に孤立しないよう、ネットワークを組んで活動しています。

[メッセージ]

　家族会は、家族が不安や悩みを出し合い、ひきこもりについて学び、本人のことを知り、自分自身を知り、生きる希望を取り戻していく場所です。全国の悩めるご家族のみなさま、どうぞ問題を家の中に留めないで、家族会を訪ねてみてください。

▶ひきこもり本人・家族のピアサポーターインタビュー動画

ピアサポーター養成研修のグループワーク

# ひき出るラジオ百人の一歩プロジェクト

当事者　家族　支援者

| 活動地域 | 全国／ラジオ、インターネット |
| --- | --- |
| 活動内容 | 生きづらさを抱えながら、地道に社会活動をしているピアサポーターである「しもニキ」と「chopper」がパーソナリティーとして届けるラジオ番組 |
| 対象者 | 主としてひきこもり状態にある本人、その家族等 |
| 料　金 | 無料 |
| 設　立 | 2018年8月2日 |

## [特色]

　全国各地の生きづらさを抱える当事者・家族等に向けて、同じ生きづらさを抱えるパーソナリティーが、日々の雑談や地域の情報などの紹介を通じて、元気と希望を届ける2時間のラジオ番組。

## [メッセージ]

　自分の部屋の布団の中からでも聴けます。

　あなたとラジオを通じて、繋がることを楽しみにしています。

ラジオ番組風景

# ひきこもり発信プロジェクト

| 活動地域<br>連絡先 | 神奈川県逗子市、全国／インターネット<br>E-mail：dz472354@pg8.so-net.ne.jp |
|---|---|
| 活動内容 | ①不登校・ひきこもり理解推進<br>②上記の目的を達成するための講演活動<br>③講演活動を通しての親（家族）支援 |
| 対象者 | 不登校・ひきこもりの親御さん（家族）、支援者、第三者 |
| 料　金 | 定例・講演会料金 500 円（大規模イベントは 1,000 円） |
| 設立・代表 | 2018 年 3 月 11 日　新舛(しんます)秀浩 |

## ［特色］

　ひきこもり当事者でしか理解できない領域の「多くの人が普通にできることに困難を抱えること」を講演といった形で発信し、親御さんや支援者、第三者に理解していただくための活動をしています。

　ひきこもり当事者として幸せに生きること。ひきこもり当事者が向いていることで収益を上げる提案を講演会でお話しています。

## ［メッセージ］

　不登校やひきこもりは誰にでも起きることです。個人の問題ではなく、社会構造と相性が悪いだけです。現在は、新卒雇用契約ではない収益方法もあります。インターネットを活用すれば収益を上げられる時代です。就労だけが収入源ではないので、ゆっくり休んで元気になれば、必ずあなたを必要としてくれる居場所や、あなたの発信によって救われる人がいます。

　同じ当事者として生きづらさとともに、社会との調和を模索していきます。一緒に考えてみませんか。

講演活動の様子

後藤誠子公式サイト　誰も排除されない社会に
# 笑いのたねプロジェクト

`当事者`　`家族`　`支援者`

| 活動地域 連絡先 | 岩手県北上市 携帯：090-4888-1210（後藤） E-mail：bananafish10338 @ gmail.com |
|---|---|
| 活動内容 | ワラタネスクエア（誰でも来られる居場所） 各種イベント（不登校ひきこもりの啓発） オカンのどんと来い！相談室（不登校ひきこもりの親の相談） 不登校、ひきこもり等生きづらさに関する講師業 |
| 対象者 | どなたでも |
| 料　金 | 参加費無料 相談 1 時間 3,000 円　イベントはその時々により異なる |
| 設立・代表 | 2018 年 8 月 2 日　後藤 誠子 |

## ［特色］

　ワラタネスクエアは、支援しない居場所を心掛けています。

　みんな自分で成長していく。こちらが "そのままで大丈夫" と認めさえすれば。私が生きづらさについて発信するときは、私がひきこもりの親の代弁者にはならないようにしています。1 人ひとり違うし、私は誰かの代わりにはなれないと思っているから。イベントにはなるべくいろいろな立場のたくさんの人に参加してもらえるよう工夫しています。

## ［メッセージ］

　どんな人もそのままで大丈夫。誰もがそう思えるような社会を目指して一緒に活動してみませんか。

代表 後藤誠子

居場所の様子

第4章　「自分らしい生き方」を応援する民間の活動団体（ひきこもり）

# 日野市ひきこもり家族会

当事者　家族　支援者

| | |
|---|---|
| 活動地域<br>連絡先 | 東京都日野市<br>携帯：090-6923-0003（平野）<br>E-mail：h_hikaz030@yahoo.co.jp |
| 活動内容 | ①隔月の懇親会の開催<br>②日野市セーフティーネットコールセンター主催の<br>　ひきこもり対策支援事業「家族のつどい」への参加 |
| 対象者 | ひきこもりのお子さんのいる家族<br>ひきこもり状態にあるご本人<br>ひきこもりに関心のある人 |
| 料　金 | 料金1人500円<br>（ご本人・経験者は無料） |
| 設立・代表 | 2018年3月25日　平野　均 |

## ［特色］

　ひきこもりからの回復を目指して、当事者と家族は個別に努力をしてきました。しかしながら、そのような状況は、かえって家族や当事者が孤立状態に陥りやすくなります。

　家族同士が繋がる必要性を感じ、「NPO法人楽の会リーラ」（P129）の協力を得て家族会を立ちあげました。

　その結果、ひきこもり当事者とその家族の気持ちを理解し、共感できる場となっています。

　また、自身の気持ちを自由に話せる安全・安心な場でもあります。

## ［メッセージ］

　自分のことを話すこと、他人の話を聞くことで、少しでも気分がラクになればと思っています。

　家族会へぜひどうぞ、お待ちしています。

# ねりま不登校・ひきこもり・発達障害地域家族会「灯火」

当事者　家族　支援者

| 活動地域<br>連絡先 | 東京都練馬区<br>E-mail：tomoshibi2018@gmail.com（担当：古賀） |
|---|---|
| 活動内容 | 「学校に行かない、家にこもりがち、発達障害による困りごと」等の悩みを抱える本人と家族の会。<br>「ゆるゆるトーク」では、それぞれの思いを表に出し、対話交流、学習会、情報交換を行います。<br>居場所や施設、相談先を訪ねる「ゆるゆるウォーク」も不定期に行っています。 |
| 対象者 | 本人・家族・支援者など関心のある人 |
| 料　金 | 「ゆるゆるトーク」500円（本人・経験者無料）<br>「ゆるゆるウォーク」に関するお問合せは上記まで |
| 設　立 | 2018年3月11日 |

## [特色]

　本人と家族が同じ場に集い、対話交流や講師を招いての学習会を行っています。「ここだから安心して話せることがある」「自分の親には聞けないこともほかの親には聞ける」「参加者の言葉から子の気持ちに気づくことがある」という点が特色です。平日に「親の会」も行い、気持ちの分かち合いや、医療、制度・支援先の情報交換をしています。

## [メッセージ]

　「生きづらさ」を抱える人を理解することは、私たち自身の価値観や思い込みをあらためて考えなおすきっかけとなる気がします。

　18歳を過ぎた青年期の人たちの居場所や支援（家族を含む）は少なく、そんななかで一緒に考えられる仲間ができることは心強いです。お気軽にお問い合わせください。

活動案内チラシ

# 道南ひきこもり家族交流会「あさがお」

| 活動地域<br>連絡先 | 北海道函館市<br>携帯：090-6261-6984（野村） |
|---|---|
| 活動内容 | ①毎月「例会」の開催。ひきこもり当事者や家族らが体験を語り合い、支援情報などについて学びます。<br>②講演会やセミナーの開催<br>③ニュースレターの発行<br>④ひきこもり当事者の集いを開催。気軽にぶらっと顔を出せるような集まりです。レクリエーションなども開催。 |
| 対象者 | ひきこもりに悩む当事者や家族<br>当事者・家族と一緒に考え語り合うサポーター |
| 料　金 | 例会のみ参加：１回 200 円（資料代）<br>会員登録：年会費 1,000 円（例会料金無料） |
| 設　立 | 2003 年 |

## ［特色］

　「ひきこもり」についての社会的な関心が高まってきたこともあり、理解のある精神科医の尽力で家族会設立の機運が高まり、保健師や臨床心理士、医療ソーシャルワーカー等の専門職の協力も得て、「道南ひきこもり家族交流会」はスタートしました。ひきこもり当事者や家族が体験を語り合い、情報を交換し、学習することなどを通して、ひきこもりに悩む人たちを支援しています。

## ［メッセージ］

　家族・当事者だけで抱え込まず、悩みを語る場を大いに活用いただきたいと思います。また、ひきこもり支援は、社会全体の課題であり、当地域では、函館市社会福祉協議会と「あさがお」が連携し、2020 年 6 月から相談窓口を開設。函館市も「あさがお」と連携してひきこもり実態調査を実施してひきこもり支援施策を本格化させています。一緒に取り組んでみませんか。

# NPO法人 レター・ポスト・フレンド相談ネットワーク

当事者　家族　支援者

| 活動地域<br>連絡先 | 北海道札幌市（事務所・居場所）<br>道内（手紙を通じた活動）<br>携帯：090-3890-7048（田中） |
|---|---|
| 活動内容 | 社会的に孤立しがちな当事者に返信を求めない絵葉書を緩やかに届けるピア・アウトリーチ活動を中心に、会報「ひきこもり」を隔月年6回発行<br>当事者会「SANGOの会」をはじめ、2018年6月から札幌市の委託を受け、公設民営の居場所「よりどころ」を当事者会と親の会に分けて運営 |
| 対象者 | ひきこもり当事者・経験者とその家族 |
| 料　金 | 無料 |
| 設立・代表 | 1999年9月1日　田中　敦 |

## [特色]

　不登校やひきこもり体験を有する人たちが集まり、ひきこもり当事者に無理なく接点をもつことが可能な手紙を活用した活動を行う団体として発足しました。

　現在は、当事者の意見に真摯に耳を傾けて柔軟に、しなやかさを大切にしながら、2010年NPO法人化以降は、若者支援から外れやすい中高年層のひきこもりを視野に入れた活動に取り組んでいます。

## [メッセージ]

　悩みや問題をひとりで抱え込んでしまいがちですが、できるだけ多くの仲間と共有し、一緒にひきこもりの可能性を探求していくことができればと思います。

　参加をお待ちしています。

当事者会でゲームを楽しむ様子

**123**

## 山梨県桃の会（NPO法人KHJ全国ひきこもり家族会連合会 山梨支部）

当事者　家族　支援者

| 活動地域<br>連絡先 | 山梨県全域、集まりは甲府市中心<br>E-mail：meri-sannokuni@softbank.ne.jp |
|---|---|
| 活動内容 | 月例会、ミニグループトーク、当事者スペース、会報の発行（それぞれ月に1回開催）<br>ピアサポート、訪問（不定期に開催） |
| 対象者 | ひきこもりの家族、ひきこもり経験のある当事者、ひきこもり問題に関心があり協力したい人 |
| 料　金 | 年会費 3,000円　月例会料金 1,000円<br>ミニグループトーク 500円（すべて一家族の料金です）<br>当事者はすべて無料 |
| 設立・会長 | 2014年9月　篠原 博子 |

## [特色]

　自助活動なので大きな花火は打ち上げられませんが、「ひきこもる」ことの理解と、「家族にできること」を学んでいるように思います。

　ただ慰め合うだけでなく、自分自身と向き合う厳しい場でもあります。だからこそ同じ想いの仲間がいて「共に悩み、共に考え、共に喜び合う」、お互いの支え合いで力をもらい、何かに気づかされる場所です。

## [メッセージ]

　「ひきこもる」ことは、恥ずかしいことでも隠すことでも、本人たちの怠慢でもありません。まず、家族が「ひきこもることを否定する」ことからの脱却が必要です。そこからがスタートです。自分の家族だけの問題ではなく社会全体の問題として、みんなで取り組まなければなりません。ひきこもることは誰にでも起こり得ます。そして家族だけで抱え込まないこと、家族会や支援機関と繋がり続けること、孤立しないことがとても大事です。

　お気軽にお問い合わせください。参加お待ちしています。

# ひきこもり支援よりみち NPO 法人てくてく浜松

（NPO法人KHJ全国ひきこもり家族会連合会東海ブロック支部） 当事者 家族 支援者

| 活動地域<br>連絡先 | 静岡県浜松市<br>携帯：090-1416-6224（山本） |
|---|---|
| 活動内容 | ①ひきこもり・ニート・不登校の家族会<br>②居場所事業　③問題を抱えている当事者および家族<br>　の学習・研修事業<br>④相談事業（個別・電話・グループ・訪問）<br>⑤生活困窮者就労訓練事業（農業を軸とした就労支援等） |
| 対象者 | ①ひきこもり当事者および家族<br>②問題を抱えた当事者および家族<br>③社会的弱者の支援に関心がある人（支援者） |
| 料　金 | 正会員／月 1,000 円　当事者・経験者／無料<br>支援者・一般／参加料 1,500 円　賛助会員／その都度<br>1,500 円 |
| 設立・理事長 | 2010 年 9 月　山本 洋見 |

## ［特色］

　支援の入口である各種相談から出口である就労支援まで、一貫して当事者視点、家族丸ごと支援を行っています。

## ［メッセージ］

　ひきこもりの問題は、当事者、家族の問題だけではなく、社会の問題、教育の問題でもあります。家族だけで支えきれるものではないので、官・民の連携はもちろん、社会全体が関心を持って取り組むべきことだと考えます。ひとりの青年が問題を抱えて行きづまったとき、まず「SOS」を出せる場所が身近にあることはもちろん、「SOS」を出してよいのだと思える社会を目指して活動中。

　一緒に活動してみませんか。

てくてくファーム

# KHJ 山口県「きらら会」

(NPO 法人 KHJ 全国ひきこもり家族会連合会中国ブロック支部) 当事者　家族　支援者

| 活動地域 連絡先 | 山口県全域（事務局：長門市）<br>TEL：0837-22-5495<br>携帯：090-1187-2283（上田） |
|---|---|
| 活動内容 | 「きらら会」（家族会）を開催<br>毎月第3日曜日 13：00〜16：00<br>「みかんの会」（当事者の会）も同日、別室で開催 |
| 対象者 | ひきこもり等の生きづらさを抱える当事者、家族 |
| 料　金 | 年会費 3,500 円（毎月の会報紙送付）<br>月例会料金一家族 1,000 円　当事者居場所 無料<br>※行政、医療機関、学生は無料 |
| 設立・代表 | 2004 年 1 月　上田 十太 |

[特色]

　会員の皆さんの得意分野を生かした活動（たとえば、農業体験や駅伝の出場など）を行うなど、和気あいあいとした明るい会です。

[メッセージ]

　家族会という自助グループに参加し、同じ悩みを持つ仲間が集い、胸の内をしっかり吐き出し、その間だけでもラクになっていただくことが家族にとって大切です。そして、それは当事者にとってもプラスになることだと考えています。

　孤立を防ぐためにもひとりで悩まずぜひ参加してみてください。

　お気軽にお問い合わせください。

落花生生堀り

駅伝出場者

# ひきプラ（Hikikomori Platform）

| 活動地域<br>連絡先 | 全国／インターネット<br>E-mail：support@hikipla.com |
|---|---|
| 活動内容 | ひきこもりの人たちが、自分に合った居場所や、自己肯定感を高められる機会を検索できるサイト「ひきプラ（ひきこもりプラットフォーム）」を運営 |
| 対象者 | ①ひきこもり当事者・経験者<br>②ひきこもり当事者会主催者<br>③ひきこもりに理解のあるボランティア募集団体 |
| 料　金 | 無料 |
| 設立・代表 | 2019年2月2日　田島 尊弘 |

## ［特色］

　自宅以外の居場所のひとつとして「当事者会」を、自己肯定感を高められる機会のひとつとして「ボランティア活動」を紹介するサイトを運営。

**ひきプラ**

Hikikomori Platform

ひきプラ HP アイコン

★当事者会を探す／ひきプラに登録されている全国の当事者会の中から、自分に合った会を探すことができます。ひきプラへ会員登録をしていただくと、そのまま当事者会へ参加申込みができます。また、気になる当事者会があれば、「お気に入り登録」もでき、その当事者会で新しいイベントがアップされる度にメールでお知らせが届きます。

★ボランティアを探す／ひきこもりに理解のあるボランティア活動を紹介しています。こちらも当事者会同様、気になったボランティア活動があれば、そのままサイト上から参加申込みをすることが可能です。また、参加申込みをしたボランティアの一覧を確認したり、募集団体へサイト上からメッセージを送ることもできます。

[メッセージ]

　昨今のIT化の流れ、また新型コロナウイルス感染症の流行の影響から、私たちの周りでもオンライン化が進み、これまでになかった新たな機会が生まれています。

　たとえば、オンラインで当事者会が開催されたり、オンラインで参加できるボランティアも出てきました。

　その結果、これまで「地元になかった」「外出が難しい」「対面でのコミュニケーションは苦手」といった理由で諦めていた人たちにも、より参加しやすい状況が増えてきたのではと感じています。そのため、当事者・ご家族・支援者の皆様には、地元に限らず、幅広く情報に触れていただけるとありがたいですし、ひきプラがその一助になれればと考えています。

　また、当事者会やボランティアの数もまだまだ十分とはいえず、これらを増やしていけるような施策・支援の必要性を感じています。加えて、当事者会以外にもさまざまな居場所があり、こうした場の情報を紹介していくことや、ボランティア活動以外の自己肯定感を高められる機会の創出も必要です。ぜひこうした選択肢を広げていくための活動を、共感してくださる人たちと一緒に取り組んでいければと思っています。

　ご興味を持ってくださる人がいらっしゃいましたら、お気軽にお声がけいただけたら幸いです。

# NPO 法人 楽の会リーラ

（NPO 法人 KHJ 全国ひきこもり家族会連合会東京支部） 当事者　家族　支援者

| 活動地域 連絡先 | 東京都全域（事務所：東京都豊島区）<br>TEL：03-5944-5730<br>E-mail：info@rakukai.com<br>事務局対応時間（毎週水・金曜日 13 時〜17 時） |
|---|---|
| 活動内容 | ①電話相談、グループ、個別、訪問等 相談活動<br>②月例会、親の学習会等の勉強会<br>③コミュニティカフェ葵鳥、楽市楽拿等 居場所活動<br>④地域家族会連絡協議会事務局：家族会立上げ・運営<br>　支援、交流会、研修会開催、カウンセラー等の派遣等 |
| 対象者 | 主としてひきこもり状態にある本人、その家族等 |
| 料　　金 | 家族会員：入会金 1,000 円、年会費 5,000 円等<br>（ほかに各プログラム別に料金必要） |
| 設立・理事長 | 2001 年 4 月　理事長　安斎 陽一 |

## ［特色］

　支え合いの精神に基づいて、お互いに助け合い、励まし合い、ひきこもりからの回復を目指しています。

　「ひきこもりの親の会」からスタートし、現在はひきこもり本人を含む家族会として活動して、20 年になります。

## ［メッセージ］

　居場所としての「カフェ葵鳥」は、安心して、ほっとできる仲間づくりの喫茶店形式の交流場所として 7 年になります。

　ピアサポーター（家族・経験者）、カウンセラー等の専門家との連携で、ひきこもりからの回復を目指しています。

●お知らせ…「都内で活動するひきこもりの地域家族会」の詳細は、本事務局まで、お気軽にお問い合わせください。

# 横浜ばらの会

(NPO 法人 KHJ 全国ひきこもり家族会連合会横浜支部) 当事者　家族　支援者

| 活動地域<br>連絡先 | 神奈川県横浜市<br>E-mail：yokohama.bara@gmail.com |
|---|---|
| 活動内容 | ①毎月、学習会・茶話会・定例会、講演会を主催<br>②ひきこもりの改善に関する活動を自治体・関係諸団体と協力して実施 |
| 対象者 | 不登校やひきこもり状態の当事者とその家族 |
| 料　金 | 【一家族】入会金 1,000 円、年会費 2,000 円<br>学習会費：会員 1,000 円、会員外 1,500 円<br>（当事者・経験者は無料） |
| 設立・会長 | 2016 年 5 月 11 日　滝口 陽子 |

[特色]

★ひきこもりの人（不登校・不就労などの社会的ひきこもりも含む）の社会復帰を図ることを目的に、自助活動する家族会です。会員同士が互いに支え合い、情報を収集・共有し提供しています。

★ひきこもりの人の、個性や希望に沿った社会復帰を後押しします。

★家族が孤立しないように、学習会や茶話会等を通して共に学び、視野を広め、共感や気づきによって、ひきこもりの人の良き理解者となるよう努めます。

★ひきこもりの理解促進と、誰もが希望を持てる社会の実現のため、社会や行政に発信していきます。

[メッセージ]

　解決への道は人によって異なります。だからこそ、本人が選んだ道を歩むのを応援できるように、家族会等で情報を得たり学んだりすることが必要だと考えています。

　家族が元気になって、本人も家族も自分らしい人生を歩んでいくことができるように、共に学び、寄り添い、前に進んでいきましょう。

# KHJ 岡山きびの会

（NPO法人KHJ全国ひきこもり家族会連合会中国ブロック支部） 当事者 家族

| 活動地域<br>連絡先 | 岡山県岡山市<br>E-mail：khj_okayamakibinokai@yahoo.co.jp  |
|---|---|
| 活動内容 | 講演会や家族の情報交換、体験談、話合いの実施。毎月第2日曜日13時～16時、きらめきプラザ（岡山市）で月例会開催。活動地域（岡山市内）にて、月・水・金・土曜日の午後に居場所活動、および相談窓口や交流会などを実施 |
| 対象者 | ひきこもり当事者、経験者とその家族 |
| 料　金 | 年会費：正会員6,000円　賛助会員3,000円 |
| 設　立 | 2002年1月20日 |

## ［特色］

　社会人としての生き方の正否をつけるのではなく、生きづらさを感じる人同士の共感を大切にし、孤立や孤独を少しでも解消することで、それぞれが自分を信じる力をリカバリーすることを、講演会やグループトークなどを通じて目指しています。

## ［メッセージ］

　支援機関でもNPOでもない、家族会と当事者会が合わさった単なるボランティア団体ですが、だからこそ、生きづらさを感じる人ならではの視点を尊重できるという強みがあります。

　国家資格などを持つ会員による専門性を活かした相談業務などの支援活動も行っています。

# NPO 法人 津山・きびの会

| 活動拠点<br>連絡先 | 岡山県津山市<br>居場所：通称「トトロの家」<br>携帯：090-7591-3294（川島）<br>開設日／第2・3・4木曜日、毎週土曜日、第1水曜日<br>（予約により開設日以外でも相談可能） |
|---|---|
| 活動内容 | 主に不登校・ひきこもりの当事者およびその家族、地域の人々に対して、交流できる居場所づくりと自立支援活動に関する事業を行う。 |
| 対象者 | 性別、年齢等に関係なくどなたでも |
| 料　金 | 会費・正会員／年会費4,000円　賛助会員1,000円 |
| 設立・理事長 | 2005年4月　川島和子 |

[特色]

　居場所「トトロの家」を拠点として家族と地域が不登校・ひきこもり当事者をどう支援していけばよいか模索しながら、さまざまな問題に取り組んでいます。

　さらに「居場所」を中心としてあらゆる人たちが協力し、支え合いながら、生き生きと生活できる社会の実現を目指しています。

　隔月でサロンを開催し、味噌づくりや餅つき、食事会を通して季節の節目を楽しみ、多くの方に喜びを届けています。

[メッセージ]

　当会の居場所は、性別、年齢等は関係なく、赤ちゃんからお年寄りまで誰もが集える場所として、温かくお迎えします。

　お気軽にお問い合わせいただき、遊びに来てください。お待ちしています。

# NPO法人 KHJ 高知県親の会「やいろ鳥」の会

(NPO法人 KHJ 全国ひきこもり家族会連合会四国ブロック支部) 当事者 家族

| | |
|---|---|
| 活動地域 連絡先 | 高知県全域<br>◇事務所：携帯 090-3184-8109（坂本）<br>　FAX：088-862-0740<br>　E-mail：ja5cin@arion.ocn.ne.jp<br>◇居場所『といろ』　TEL：088-881-2350<br>　FAX：088-881-2350 |
| 活動内容 | 家族会、月例会、相談 居場所等の実施<br>高知ひきこもりサポートセンター運営（県委託事業） |
| 対象者 | 高知県在住のひきこもり当事者とその家族 等 |
| 料　金 | 原則 無料 |
| 設立・代表 | 2006年8月1日　坂本　勲 |

## ［特色］

　ひきこもっている人が元気を回復するのには、その苦しさや生きづらさをわかってもらうことが大切です。

　同じ経験をした者だからわかる、これがピアの強みであり、ピアとして長い回復過程に寄り添うことができます。

　ひきこもりの経験を人のために役立てることで、ピアサポーターもより元気になることをモットーに活動しています。

## ［メッセージ］

　ずっとひとりで、もしくは家族だけで悩みを抱え込んでいませんか。同じ悩みを共有できる他者との交流は、少し気持ちをラクにしてくれます。電話、メール、対面のいずれもご用意しています。

　相談内容を他言するようなことは一切ありませんし、個人情報の取扱いにも十分配慮しています。

　安心してご連絡ください。お待ちしています。

# 高知ひきこもりピアサポートセンター

当事者　家族

| 活動地域<br>連絡先 | 高知県全域<br>TEL：088-881-6301/080-2992-9590（坂本）<br>受付時間：9：00〜17：00　開所日：月、水、木、<br>金、土曜日（祝日および12/29〜1/3を除く） |
|---|---|
| 活動内容 | 高知県にお住まいのひきこもっているご本人とそのご家族からの相談を受け、対話を重視した寄り添い型の支援を行っています。ご希望により適切な関係機関へおつなぎするなどの支援も行います。 |
| 対象者 | 高知県在住のひきこもり当事者とその家族 等 |
| 料　金 | 無料 |
| 設立・代表 | 2021年4月1日　坂本　勲 |

## ［特色］

　相談支援・訪問支援ともに利用者は無料でサービスを受けられます。ひきこもり経験者でKHJ全国ひきこもり家族会連合会(P116)認定のひきこもりピアサポーターが支援を行います。

　ひきこもり経験者が支援することで、専門家では埋められない領域をカバーすることができます。

　ピアサポーター自身も「ひきこもり経験」を支援に活かすことができ、社会的役割を担えると考えています。

## ［メッセージ］

　ひきこもりを経験した私たちだからこそ、理解できる、聞けることがあるのではないかと思っています。うまく伝える必要もありません。誰かとしゃべってみたい。自分の思いを知ってほしい。そんな気持ちになったときの、話し相手になることができます。利用しやすい方法で、私たちにご連絡ください。お待ちしています。

# NPO 法人 KHJ 東海なでしこの会

（NPO 法人 KHJ 全国ひきこもり家族会連合会東海ブロック支部） 当事者　家族　支援者

| | |
|---|---|
| 活動地域<br>連絡先 | 愛知県全域（事務所：名古屋市）<br>TEL・FAX：052-882-1119<br>火・水・金曜日の午後受付<br>E-mail：space-friendship@chorus.ocn.ne.jp |
| 活動内容 | 毎月第 3 日曜日、名古屋で月例会（家族会）開催。<br>講演会や家族の情報交換・体験談・話合いの実施。<br>月例会（家族会）のほか、親父の会、季節に合わせた<br>花見、散策会、忘（望）年会なども開催。<br>こうした活動を通じて、親の気がラクになり、明るく<br>元気になり、当事者にも良い影響を与えている。 |
| 対象者 | ひきこもり当事者、経験者またはその家族 |
| 料　金 | 入会金 2,000 円　年会費 12,000 円（半期 6,000 円） |
| 設立・担当 | 2001 年 8 月　伊神　亮 |

## ［特色］

当事者目線だからこそわかることや伝えられることなどを大切にし、親しみを持って接するようにしています。

おしゃべりやゲーム等を一緒にしたりして、気軽に来所していただけるよう工夫しています。

## ［メッセージ］

ひきこもり家族（特に当事者）が社会参加や人とのふれあいを求めても、なかなかその一歩が踏み出せず、困難や悩みを抱えていることも多いです。

「一歩踏み出したい」「誰かに話を聞いてもらいたい」と思ったときに、ピアサポーターを活用してもらえたら嬉しいです。

少しでも気持ちが軽くなり、社会参加をして、より豊かに暮らしていけるように、一緒に考えていくお手伝いをしていきます。

お気軽にお問い合わせください。

# うさぎプロジェクト

当事者　支援者

| 活動地域<br>連絡先 | 全国／インターネット<br>E-mail：usagiprojectteam@gmail.com |
|---|---|
| 活動内容 | テーマトーク、フリートーク、交流、相談、啓発、<br>体験発表、情報交換等を行う。 |
| 対象者 | ひきこもり・発達障害・精神障害・知的障害・身体障害・愛着障害・内部障害・不登校・LGBTQ＋・難病・アルコール依存・薬物依存・ゲーム依存・ギャンブル依存等で生きづらさを感じている当事者および経験者、医療福祉関連の専門職、支援者および興味のある一般 |
| 料　金 | 無料 |
| 設立・代表 | 2016 年 8 月 21 日　マイメロ・アット |

## [特色]

　ひきこもり等で生きづらさを抱えた当事者、経験者が主体となって、その想い、視点等を大切にしながら、支援者等と連携・連帯し、社会福祉イベント等を通じて交流を深めます。誰もが生きやすい共生社会づくりに貢献するために、主に Zoom を利用してインターネット上でテーマトーク・フリートーク・月例会等を実施しています。

★メインプロジェクト／「きびだんごオンライン当事者会」「うさぎオンライン会」「うさぎ交流会」

★サブプロジェクト／「うさぎ相談会」「うさぎ福祉会」「うさぎひきこもり会」「うさぎ発達障害会」「うさぎサブカル会」「うさぎ SDGs 会」「うさぎ WRAP 会」「うさぎ LGBTQ＋会」「うさぎ女子会」「うさぎ男子会」「うさぎコロナ会」

## [メッセージ]

　うさぎプロジェクトに関する詳細な情報は、インターネットで「うさぎプロジェクト」と検索してください。

　参加お待ちしています。

# NEET 株式会社

当事者　支援者

| 活動地域<br>連絡先 | 全国／主にインターネット　関東／イベント交流<br>E-mail：info@neet.co.jp |
|---|---|
| 活動内容 | しなければいけない仕事は一切なく、ニートたちが新しいことに挑戦したり、より充実したニート的人生をみんなで模索・発見していくという実験です。<br>そのため法律やモラルの範囲内であれば好きなことを自由にできます。 |
| 対象者 | ニートやニート的な人（年齢制限はありません） |
| 料　金 | 年に１度、一口3,000円の株を購入（2021年現在の金額。会社維持の必要経費に充てられます） |
| 設立・代表 | 2013年11月21日　超私のりこ　なかさま　K |

NEET ロゴ

[特色]

　NEET株式会社では、ニートは雇用（employment）されていないという定義から、従業員ではなく雇用主である取締役に就任するという形態をとっています（全員がニート、全員が取締役！）。

　多くのニートがビジネスや交流の場として、主体的に事業の決定や企画運営を行っています。これまでも多種多様な事業部が社内で立ち上がりました。

＜事業の例＞

★レンタルニート事業部／ニートを１時間1,000円で貸し出す。

★ニー活／週に１度、お菓子やゲームを持ち寄るニートの交流会。

★チームアドバンス事業部／オンラインでスマホゲーム「ACCEL（アクセル）」を行う。

★社会科見学事業部／行ったことのない街を訪れたり、したことのない経験をみんなで体験したりする。これまで裁判所や競馬場、ゲイバーなどを見学にいきました。

　ほかにも★占い事業部　★婚活事業部　★YouTube事業部　★ブログ事業部　★しりとり事業部　★ニートドリンク事業部 etc. があります。

## ［メッセージ］

　NEET株式会社はニートでも取締役になることができる突拍子もない会社です。こんな変な会社を少しでも面白いと感じたあなたは、きっと生きづらさの渦中にあっても生活のどこかに新しさを求めているのだと思います。

　ここでは、社会の常識の枠にはまらない、楽しい・苦しい経験や知識の習得、変わった考え・能力を持った多様な人たちと繋がることができます。いままでの取締役メンバーの年齢も１０代〜６０代と幅広いです。

　いろいろなニートたちと交流したり、ビジネスを考えたりできる場所、ケンカしたり、ただそれを眺めているだけでもいい場所は、何かのきっかけや気づきを与えてくれるかもしれません。一度、募集サイトもチェックしてみてください。

　参加をお待ちしています。

---

**「NEET株式会社・取締役」の特徴と注意点**

☑ 日本全国に友達やニート仲間ができる。

☑ 株式会社の取締役という身分不相応な肩書が手に入る（登記されます）。

☑ 上司や業務命令・ノルマなどは一切ない。しかし固定給もない。

☑ 法律やモラルの範囲内であれば、好きな活動や仕事を自由にできる。

☑ 社内専用SNSで、常にメンバーとダラダラつながっていられる。

☑ 本名を名乗る必要がなく、ビジネスネームで新しい人格を楽しめる。※1

☑ 待っていても何も始まらない・何も与えられない。自由と自己責任。

☑ もし稼いだら、その分はほとんど本人がもらえる！※2

※1 取締役就任時には印鑑証明書の提出が必要ですが、普段はビジネスネームのみを掲示して活動することができます。ただし、法務局等で取得可能な法人登記簿の取締役一覧に本名が掲載されることをご留意ください。

※2 NEET株式会社として仕事をして会社に売上が入金された場合、経理作業にかかる費用・手数料や源泉徴収税額を差し引き、残りは仕事をした本人やチームメンバーに給与として支払います。これは通常の会社組織ではおりないルールです。

「NEET株式会社・取締役」の特徴と注意点

# ひきこもっていても仕事ができる・つながれる
# COMOLY

| | |
|---|---|
| 活動地域<br>連絡先 | 全国／インターネット、東京都／定期イベント交流<br>（事務所：東京都豊島区）<br>E-mail：comoly_support@metaanchor.com |
| 活動内容 | 在宅ワーク支援、プログラミングなどの学習会の開催、<br>オンラインセミナーの開催、居場所開催 |
| 対象者 | ひきこもり当事者・経験者 |
| 料　金 | 登録無料 |
| 設立・代表 | 2016年7月15日　山田 邦生 |

## [特色]

　COMOLYではひきこもり当事者とともに、新しい価値を世の中に提供することを目的として活動しています。

　そのため支援者という立場ではなく、一緒に何かをやるというスタンスで運営しています。代表の山田も元当事者の釤持もエンジニアです。最新のテクノロジーに精通していることもCOMOLYの強みです。COMOLYは当事者が社会と接点を持つためのプラットフォームでもあります。

　主に「在宅ワーク」「トレーニング」「コミュニティー」機能を提供しています。年代や性別（トランスジェンダー含む）、経歴、地域にかかわらず、多くの人が登録しています。

　これまで、オンライン上でのプログラミングの学習会、読書会の開催、講師を招いての月1オンラインセミナーを開催してきました。今後は、移住生活支援等にも取り組んでいきます。

## [メッセージ]

　COMOLYという名前は、ひきこもりのイメージを変えるために、親しみやすさを込めて名付けました。そんな場所にしていけたらと考えています。お気軽にお問い合わせください。登録・参加をお待ちしています。

# ひきこもり経験者による相談グループ
## 『ぽーとぴあ』

当事者　家族　支援者

| 活動地域<br>連絡先 | 大阪府全域／インターネット・Zoom<br>携帯：090-8368-3549（高井）<br>E-mail：takai@osaka-ue.ac.jp |
|---|---|
| 活動内容 | ひきこもり経験者によるオンライン相談(Zoom を活用) |
| 対象者 | ひきこもり当事者、親・親戚、支援者ほかどなたでも |
| 料　金 | 1回の相談料 3,000 円（通常は 60 分、初回は 80 分） |
| 設立・代表 | 2020 年 7 月 31 日　高井 逸史 |

## ［特色］

　ひきこもり当事者として葛藤していた頃の経験や、回復に至るまでの経験など、相談員の生の声を活かした相談を行います。

　＜相談員紹介＞今後も増えていく予定です。

河井 賢太（36）適応指導教室指導員
　「経験から感じたことを皆さんにお伝えし、お役に立てれば嬉しいです」

中谷 信哉（31）ひきこもり支援相談士、KH ピアサポーター
　「経験者だからこそ感じとれるズレや焦りに寄り添えれば嬉しいです」

高木 信洋（29）メンタルヘルスマネジメント、介護者初任者研修
　「きつく縛った心の紐を、ちょっと緩められる時間になればと思います」

## ［メッセージ］

　相談者が抱えている悩みについて、相談員がご本人に近い目線でお話を伺い、ひきこもり経験者なりの気づきを提供していきます。お気軽にお申込みください。

# ひきこもり等の自助グループ
# 『さなぎるど』

| 活動地域<br>連絡先 | 大阪府堺市・高石市全域／<br>インターネット・Zoom<br>E-mail：sanaguild@gmail.com |
|---|---|
| 活動内容 | ①堺市・高石市およびWEBでの居場所活動<br>②緑道ウォーク等のイベント企画・運営 |
| 対象者 | ひきこもり等の生きづらさを抱える当事者・経験者 |
| 料　金 | 無料 |
| 設立・代表 | 2019年4月13日　中谷 信哉 |

[特色]

　大切にしている考えは、①「動く」も「休む」も楽（しい）化したい、②心のエネルギーと自己愛の回復です。

　「社会復帰推奨！」という空気はあえて回避しています。

★ハードル下げ：【料金無料】【出入り自由】【住まい年齢性別不問】【見学歓迎】など、メンバーさんの声に基づいて、参加にかかるハードル下げを意識して活動しています。

★多様な活動：【なゃんでも鑑定団】【たくなるがたり】【さなぎゼミ】【青春ごっこ】ほか。メンバーさんの声に基づいて、多種多様な活動を企画・開催しています。

[メッセージ]

　家から一歩も出られなかったあの頃の僕に、同じような生きづらさを抱える人と関われる場所があれば、どれだけ心がラクになっただろう……と思うことがあります。

　「さなぎるど」には、一緒にお話して、一緒にラクで楽しい場所を作っていける仲間がいます。

　お気軽にいらしてくださいね。

# ひきこもり家族会 55％の会

| 活動地域<br>連絡先 | 東京都杉並区<br>携帯：090-4944-9550（岡本）<br>E-mail：fumisan63@gmail.com |
|---|---|
| 活動内容 | 家族の力を取り戻していくグループワークと、家族の状況に応じた個別カウンセリングを行っています。お子さんのカウンセリングにも対応しています。 |
| 対象者 | 不登校・ひきこもり問題で悩むご家族と本人 |
| 料　金 | 定例会セミナー料金 2,000 円（お試し参加も可能）<br>個別カウンセリング I 回 60 分 6,000 円 |
| 設立・代表 | 2009 年 12 月　岡本 二美代・村上 朋子 |

## ［特色］

　不登校・ひきこもりの支援に 20 年以上の実績を持つ、2 人のカウンセラーが主催している家族会です。

　同じ悩みを持つ家族たちが、安心して気持ちの吐き出しができ、共に学び合う月に I 度のセミナーと、家族の状況に応じたきめ細やかな個別のカウンセリングがセットになっています。

　定例会のセミナーでは、コミュニケーションに大切な聴き方・話し方の「傾聴」と、いま起きている悩みの解決を目指すソーシャル・スキルズ・トレーニング「SST」を行っています。

　会員制ですので、和やかな雰囲気の中で高い実績をあげています。

## ［メッセージ］

　親御さんのストレスは、お子さんの回復に大きく影響してきます。

　本人への理解や有効な対応がわかると、気持ちも安定し不安も軽減されます。まずは、お試し参加でお待ちしています。

セミナーの様子

# Necco カフェ

**（一般社団法人 発達・精神サポートネットワーク）** 当事者　家族　支援者

| 活動地域<br>連絡先 | 東京都新宿区<br>TEL：03-6233-7456<br>携帯：090-4002-3614<br>FAX：03-6233-7456　E-mail：necco@live.jp |
|---|---|
| 活動内容 | カフェ営業、各種イベント、レンタルスペース |
| 対象者 | カフェはどなたでもご来店いただけます。<br>ひきこもりの会として『ひきねっこ』があります。 |
| 料　金 | ドリンク300円〜600円、イベント参加料300円〜500円（資料代や材料費のかかるイベントもあり） |
| 設立・代表 | 2010年11月　金子 磨矢子 |

## ［特色］

　Neccoカフェは「誰も排除しない」をコンセプトに掲げています。ここではお互いの特色を認め合い、許し合い助け合うことのできる仲間でありたいと願っているのです。

　スタッフは、ほとんどが発達障害の当事者やひきこもり経験者。お客さまも、大半が何らかの当事者や経験者という楽しいカフェです。また、診断未診断に関係なく、グレーゾーンの人も多くいらっしゃいますし、ご家族やご友人、恋人パートナーも相談や勉強に来られます。ひきこもった本人らが講師となって、社会に対して啓発を行う『ひきこもり大学』発祥の地でもあります。

## ［メッセージ］

　ピアスタッフを始め、どこか似たような特性を持った仲間が大勢います。おしゃべりをして、『なんだ自分だけじゃなかったんだ！自分は悪くなかった。自分の努力がたりなかったわけでもなかったのだ』そんなことを実感して気がラクになってくれると嬉しい。ご来店をおまちしています。

# 発達障害当事者協会

| 活動地域<br>連絡先 | 全国（事務所：東京都新宿区）<br>E-mail：info@jdda.or.jp |
|---|---|
| 活動内容 | ①発達障害の「声」を集める活動<br>②発達障害の理解を深めるための活動<br>③発達障害当事者への役立つ情報発信 |
| 対象者 | 当事者、家族、支援者、発達障害に興味のある人 |
| 料　金 | 正会員　5,000円　メルマガ会員　無料 |
| 設立・代表 | 2015年4月1日　新　孝彦 |

[特色]

　支援制度の狭間におかれた発達障害への社会的理解を深めるために声を集め、発達障害の社会的理解、社会参加が促進され、誰もが生きやすい共生社会の実現を目指しています。

※当事者、家族等の個別対応の相談事業は実施していません。

　ただし、居場所等の社会資源の情報提供はできる場合もあるので、メールでお問い合わせください。

[メッセージ]

　親の会などの懸命な努力により、幼児期・学童期における発達障害の認知は高まり、その時期の支援は以前より格段に充実してきました。しかしながら、結集することや発信することを得意としない大人の発達障害の人の声は、なかなか社会に届いていません。私たちは、当事者の声を広く社会へ届けたいと思っています。

発達障害当事者会フォーラムの様子

# 感覚過敏研究所

| 活動地域<br>連絡先 | 全国／インターネット・SNS<br>E-mail：info@crystalroad.jp |
|---|---|
| 活動内容 | ①感覚過敏の啓蒙活動<br>②感覚過敏に関する商品やサービス企画、開発、販売<br>③感覚過敏の研究 |
| 対象者 | 感覚過敏の当事者またはその家族およびサポーター |
| 料　金 | 当事者と家族は無料<br>活動応援者 サポーター（月額 1,000 円）<br>※当研究所の活動に充当されます |
| 設立・所長 | 2020 年 1 月 9 日　加藤 路瑛 |

## ［特色］

感覚過敏研究所のビジョンは「感覚過敏を理由に『今』をあきらめなくていい社会を作ること」、ミッションは「感覚過敏の人の暮らしを快適にすること」です。研究所の所長が当事者として、同じ悩みを抱える仲間と一緒に事業を進めていくのが特色です。

## ［メッセージ］

感覚過敏は目に見えず、他人に理解されにくいものです。感覚過敏があることで日常生活が辛く感じることも少なくありません。でも、感覚過敏は才能だとも思います。

感覚過敏による困りごとを研究所の商品やサービスで解消しながら、人々がより豊かに暮らしていけるように一緒に考えていきましょう。

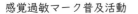

感覚過敏マーク普及活動

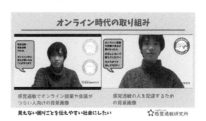

オンライン時代の取組み

# としまわかもの応援ネットワーク

| | |
|---|---|
| 活動地域<br>連絡先 | 東京都豊島区<br>携帯：080-6539-1304（大橋）<br>FAX：03-5977-0105<br>E-mail：office@toshima-wakamono.info |
| 活動内容 | ①「不登校、ひきこもり、発達障害等生き難さ」を抱えたご本人等に対するピアカウンセリング、居場所活動<br>②「不登校、ひきこもり、発達障害等生き難さ」に関する社会啓発活動（講演会、セミナー等）<br>③「不登校、発達障害、ひきこもり等生き難さ支援」に関する社会資源マップ作成・配布活動 |
| 対象者 | 東京都豊島区在住、在学、在勤の不登校、ひきこもり、発達障害等の生き難さがあるご本人等 |
| 料　金 | 原則有料。各プログラムによって異なります |
| 設立・代表 | 2015年7月1日　大橋 史信・嘉津山 具子 |

**[特色]**

　設立以来、地域に根差し、当事者の当事者による当事者のための活動を目指し、当事者主体で地域のさまざまな社会資源（豊島区、大正大学（臨床心理学科、社会福祉学科）、NPO 法人としま NPO 推進協議会、NPO 法人楽の会リーラ等）と積極的に連帯し、協同活動しています。

**[メッセージ]**

　生きづらさを抱えたご本人の声にならない声を聴き、寄り添い、ともに自分らしい「生き方」を考えていきます。

　スタッフ一同、皆さんとお話しできることを楽しみにしています！

# 居場所〜特性を生かす道〜

**（NPO法人KHJ全国ひきこもり家族会連合会当事者オンライン支部）** 当事者

| 活動地域<br>連絡先 | 全国／インターネット　（事務所：大分県）<br>E-mail：tokuseilove1@gmail.com |
|---|---|
| 活動内容 | ①オンラインフェス、講演会<br>②おしゃべり会（オフライン・オンライン両方）<br>③生きづらさを抱える当事者の家族との相談や交流<br>④音楽、お笑い、手芸など、メンバーが持っている<br>　　特性を生かした活動の応援<br>⑤Twitter、Facebook、ツイキャス、YouTube等広報 |
| 対象者 | ADHDやASD、LDなどの発達障害、ひきこもり<br>社会不安障害、強迫性障害などの精神障害<br>過敏性腸症候群（IBS）<br>その他の生きづらさを抱える当事者 |
| 料　金 | プログラムにより異なる。詳細はお問い合わせください |
| 設立・代表 | 2016年10月　佐藤 尚美 |

## ［特色］

　発達障害者の居場所、特性を生かす道探しを大切に。私たちは1人ひとりが主役でありサポーターです。

　お互いの特性を理解し受け入れ尊重し、お互いに高め合いながら活動を行っています。また仲間同士の新たな才能をみつけてそれをメンバー同士で磨いていくことも大切にしています。

　ひとりではできなかったこと、してみたかったことなど、仲間が一丸となって活動しています。

## ［メッセージ］

　生きることを諦めないで、誰かとつながってほしい。

# 株式会社 ウチらめっちゃ細かいんで

| | |
|---|---|
| 活動地域<br>連絡先 | 全国／インターネット<br>TEL：03-6225-0991　FAX：03-6225-0910<br>E-mail：info@mechakoma.com |
| 活動内容 | 弊社は営利目的の IT 企業ですが、一企業あるいはグループとしてひきこもりの支援活動を考案し実施しています。スタッフの多くは元ひきこもりです。 |
| 対象者 | サービスごとに異なる |
| 料　金 | サービスごとに異なる |
| 設立・代表 | 2017 年 12 月 1 日　佐藤　啓 |

**[特色]**

　ひきこもり等の経験者を社員として採用し、当事者目線を取り入れた企業活動を継続しています。

★めちゃコマサポーター会員（無料）

　弊社サイトのフォームから登録可能です。メールマガジンで、求人情報やイベント案内等を優先的に受け取れます。

★オンライン当事者会（無料）

　前述の会員様向けに開催しているオンラインイベント。ひきこもり当事者に限らず、どなたでもご参加いただける座談会です。参加理由は「なんとなく参加してみたい」で OK。

★フロンティアリンクキャリアセンター（無料 or 有料）

　IT 系教育や障がい者支援に取り組む、就労移行支援事業所です。2020 年 12 月現在、全国 11 カ所に拠点を構えています。

★プログラマスター／ひきこもりサポート特別コース（有料）

　ホームページの作成スキルをオンラインで習得できる学習サービス。

**[メッセージ]**

　まずは無料の「めちゃコマサポーター会員」への登録がおすすめです。弊社の活動が少しでもお役に立てれば幸いです。

# 東松山・不登校ひきこもりコミュニティスペース
## Queer Lounge H（クィア・ラウンジ・アッシュ） 当事者 家族 支援者

| | |
|---|---|
| 活動地域<br>連絡先 | 埼玉県東松山市<br>E-mail：hikkyqueer@gmail.com<br>ブログ：http://hiki.hatenablog.com/<br>ツイッター：https://twitter.com/hmhik<br>FB：https://www.facebook.com/QueerLoungeH/ |
| 活動内容 | 不登校ひきこもりのためのコミュニティスペースを設置。不定期開催で3時間程度、とりとめのない雑談や、興味・関心のあるテーマ等について話し合ったりしています。出入り自由で、好きに過ごしてください。 |
| 対象者 | 不登校・ひきこもりの当事者、経験者、LGBTQ＋、セクシュアルマイノリティー。<br>家族、親、兄弟姉妹、友人、支援者、行政の方、理解と関心のある方なども参加できます。 |
| 料　金 | 無料。ただ、任意でカンパをお願いしています |
| 設立・担当 | 2015年1月14日　おがたけ |

**［特色］**

　参加者の希望や要望に応える活動をしています。たとえば、「不登校」をテーマに話し合ったり、クリスマスシーズンにはクリスマス会を催したりなどです。

　趣味や、特技の披露なども大歓迎です。

**［メッセージ］**

　どなたでも歓迎しています。

　わからないことや不安なことがある人は、事前の相談にも対応しています。

会場の様子

# LGBT もありのままでオトナになれる社会へ
## 認定 NPO 法人 ReBit　　　当事者　家族　支援者

| 活動地域 連絡先 | 全国（事務所：東京都）<br>TEL：03-6278-9909　FAX：03-6278-9909<br>E-mail：info@rebitlgbt.org |
|---|---|
| 活動内容 | ①教育事業　②若者リーダー応援事業　③キャリア事業<br>④書籍・教材作成事業 |
| 対象者 | 小・中・高等学校の児童生徒および先生、行政関係者、<br>企業関係者、保護者、セクシュアルマイノリティー者等 |
| 料　金 | コミュニティや各種イベントは基本的に参加無料 |
| 設立・代表 | 2009 年 12 月 1 日　薬師 実芳 |

## [特色]

　LGBTQ＋を含めたすべての子どもがありのまま大人になれる社会を目指して、当事者が自ら主体となって、さまざまな社会資源と連帯・協同し、学校への出張授業、行政・企業等への出張研修をはじめとする事業実施のほか、啓蒙活動として書籍や教材を作成しています。なお教材キットは、小中学校の先生に無料で配布し、弊法人ホームページでもコンテンツを公開しています。

## [メッセージ]

　代表である私自身、性別違和を感じたのは小学 4 年生。そして、初めてトランスジェンダーという言葉を知ったのは小学 6 年生の時でした。でも、周りに言ったらいじめられるんじゃないか、家にいられなくなるんじゃないか、そんな思いから誰にも相談できないまま、毎晩布団の中で泣いていました。

　当時の私のように、誰かと違うことで息苦しかったり、不安に思っていたりする子ども達に、「あなたのままで大丈夫」と伝えたいとの思いから、学生団体として ReBit を 20 歳の時に立ち上げ、学校で授業を始めました。

　お気軽にお問い合わせください。

## 悠遊寛緩
# お話聴きますカフェ

当事者　家族

| 活動地域<br>連絡先 | 北海道函館市／インターネット<br>E-mail：info@yuyukankan.net |
|---|---|
| 活動内容 | 「素の自分」になれる場所を目指す傾聴カフェです。<br>「話したいことがあるけれど、話す相手が見つからない」<br>「自分が少数派でなかなか理解してもらえない」「人に<br>言ったら誤解されそう」「心の中のモヤモヤが溜まって<br>消化できない」などなど。<br>集まった人たち同士で互いの話を聴き合いませんか？ |
| 対象者 | どなたでも |
| 料　金 | 料金 500 円。飲み物・おかわりは別途料金 |
| 設立・代表 | 2020 年 4 月　安藤 瑞穂 |

## ［特色］

　個人の事情を限定せず、どなたでも気軽に来ていただける場所です。傾聴スタッフ 2 名がお話をお聴きします。参加人数が多い場合は、来場者同士で自由にお喋りを楽しんでください。

## ［メッセージ］

　今現在の自分を丸ごと肯定できる場となることを心掛けています。オンライン参加も可能です。お気軽にお越しくださいませ。

カフェの様子

# 第5章
# 「自分らしい生き方」を
# 応援する便利帳

本章では、「自分らしい生き方」を実現するために、
応援してくれる行政・民間の相談窓口を紹介します。

※ここで紹介している活動団体はあくまでも一例にすぎません。本書が、
　自分に合った活動団体を見つけるきっかけになれば幸いです。

# 「行き渋り・不登校ほか」の相談窓口

## （1）学級担任、在籍校の職員

当事者　家族　支援者

　学校での子どもの状況を把握したり、学校復帰に向けた具体的な対応を検討するには、担任や学校（校長 / 副校長・教頭 / 学年主任 / 養護教諭等）との連携は必要不可欠です。

　連携することで、保健室・適応指導教室登校の検討や、スクールカウンセラーの活用検討、柔軟な授業の受け方、進路指導など、具体的な相談・サポートに繋がります。

　ただ、教員個人の裁量や学校運営のあり方によっては、望むサポートを十分に受けられなかったり、効果的な対処をしてもらえなかったりする場合もあります。

　ご家族から「不登校」に関する次のような相談を受けることがよくあります。学校の対応に疑問がある場合に、相談対応してくれる窓口も併せて紹介していますので、参考にしてみてください。

**Q**　担任から、保健室登校を勧められました。保健室登校でも行かせたほうがよいでしょうか？

**A**　子どもが、保健室登校についてどう感じ、考えているのかを子どもと話し合ってみることが大事です。そのうえで、保健室登校をする・しないについては、子どもの気持ちに沿った対応を決めていくのがよいでしょう。

　また、子どもとどのように向き合い、話し合えばよいのか助言などが欲しい場合は、「不登校親の会」（P162 参照）に相談する

のもひとつです。

**Q** 　家族としては、子どもの不登校を認めようと思うのですが、担任がそれを許さないので困っています。不登校に対して理解がない学校に対して、どのように対応すればよいですか？

**A** 　家庭での生活状況や、子どもの気持ちに反して無理に登校させることの不安や危険性といった親御さんの考えをきちんと担任や学校に伝え、十分に話合いをされることをお勧めします。

　また、その際には、国の不登校支援の方針を定めた「義務教育の段階における普通教育に相当する教育の機会の確保等に関する法律（教育機会確保法）」（2017年2月施行）において、「不登校児童生徒の休養の必要性を踏まえ、不登校児童生徒の状況に応じた学習活動が行われることとなるよう、不登校児童生徒およびその保護者に対する必要な情報の提供、助言その他の支援を行うための必要な措置を講ずる」ことなどが定められていることについて触れておくことも大切です。

　とはいえ、不登校への理解を求めても伝わらない場合もあります。

　そのときは、親の会の世話人など第三者の支援者を交えて話し合うこともひとつの方法です。

　例えば、第三者を交えての話合いを行う方法に関しては、次の制度を実施している窓口に相談することをお勧めします。

※不登校オンブズマン制度：不登校に関する保護者・子ども・市民の困りごとを迅速に処理し、解決に至る道筋を考え、不登校の子どもの権利の擁護に努めることを目的とした制度。

問合せ先：NPO法人登校拒否・不登校を考える全国
　　　　　ネットワーク不登校オンブズマン制度
　　　　　TEL 03-3906-5614

## （2）都道府県市区町村教育委員会への相談

家族　　支援者

　都道府県や市区町村の教育委員会にも相談することができます。

　そこでは、臨床心理士や指導主事などが、在籍校の担任や関係者に相談しづらいときや、相談したが望む対応をしてくれなかった場合も含めて、相談に応じてくれます。また、必要に応じて、学校へスクールカウンセラーなどの出張相談などの橋渡しもしてくれます。利用料は無料です。

　本人への面接をしてくれるのか、発達検査も対応してくれるのかなど、具体的な内容は自治体によってさまざまですので、確認が必要です。

　詳細は下記サイトから確認するか、学校の担任や養護教諭、副校長、教頭、もしくは教育委員会にお問い合わせください。

　※相談窓口情報：全国都道府県教育委員会連合会（リンク）

　※問合せ先：全国都道府県教育委員会連合会

　　TEL 03-3501-0575

## （3）教育支援センター・教育相談所

当事者　　家族　　支援者

　都道府県、および市区町村等の教育委員会が、行き渋り・不登校の児童生徒の学校復帰を支援し、社会的自立を助けることを目的として設置しています。

　教育支援センターでは、本人はもちろん親御さんでも、不登校や発達障害といったさまざまな悩みや問題について、心理士・教職経験者・ソーシャルワーカーなどのスタッフに相談でき、カウンセリングを受けることができます。費用は無料で、定期的に受けることができます。

また、教育支援センター・教育相談所が、不登校からの学校復帰を支援する適応指導教室の利用相談・受付窓口になってくれます。

　また、適応指導教室に通って、学習支援や集団活動などの指導を受けた際には、在籍校校長が学校の出席として扱ってくれる場合もあります。

　ただし、適応指導教室を管轄している教育委員会は、原則在籍校への復帰を前提としているため、本人が焦らされていると感じることもあるので、家族はこころに留めておいたほうがよいでしょう。

　詳しくは、地域の教育委員会にお問い合わせください。

　※問合せ先：文部科学省

# （4）行政：スクールカウンセラー

**当事者**　**家族**

　全国のほとんどの公立中学校、および一部の公立の小学校と高等学校にスクールカウンセラーが配置されています。

　臨床心理士等の専門家が、スクールカウンセラーとして各学校に駐在し、メンタルヘルスの専門家として、子どもの話にきちんと耳を傾けてくれ、アドバイスをしてくれます。相談は、もちろん無料です。

　小学校によっては、まだ配置されていない所もありますので、その場合は、学校区の中学校のスクールカウンセラーに相談に行くことができます。

　学校に常駐が基本なので、子どもが学校に不信感を抱いている場合は、利用しづらいことがあります。また、学校復帰を前提としたサポートになるので、カウンセラーによっては、子どもの考えにそぐわなかったり、話を聴くことに徹しすぎて、なかなか解決には繋がらないといったこともあります。

　具体的な利用については、担任や養護教諭、副校長、教頭などに

お問い合わせください。

　ちなみに、学校によっては「スクールカウンセラー」と「スクールソーシャルワーカー」の二本柱の体制で生徒をサポートしている地域もあります。

　どちらも「悩んでいる子どもの力になる」という意味では似ている仕事のように感じられるかもしれませんが、実際には大きな違いがあります。

　簡単にいうと、スクールカウンセラーは悩んでいる生徒のこころのケアをするのが仕事ですが、ソーシャルワーカーは、悩んでいる生徒の生活環境を整える手伝いをするのが仕事です。

　なお、スクールカウンセラーの対応に疑問などがある場合は、お住まいの地域の教育委員会または下記に相談してみてください。

　※相談窓口情報：一般社団法人日本スクールカウンセリング
　　　推進協議会
　　　TEL：03-3941-8049

## （5）行政：ボランティア派遣事業

当事者　　支援者

　不登校生徒の相談相手として、お住まいの地域の教育委員会がボランティアの学生を生徒の自宅に派遣してくれる事業です。多くの場合、研修を受けたボランティアのお兄さんやお姉さんが、週1回程度、生徒宅に訪問し、話し相手や遊び友達になってくれます。

　利用料は無料ですが、交通費等の実費がかかることもあります。

　実施の有無、申込方法等の詳細は、学校の担任や養護教諭、副校長、教頭、お住まいの地域の教育委員会までお問い合わせください。

**★地元にボランティア派遣事業がない場合の対応方法**

　お住まいの自治体にボランティア派遣事業がないからといって、

あきらめないでください。同じようなサポートを受ける方法はあります。

### ① 民間：地域の教育サポート資源を使う

冒険遊び場（プレーパーク）、フリースクールなど、行き渋り・不登校状態の子どもたちをサポートしている民間のボランティア団体やNPO法人などの利用を検討してみましょう。

具体的な活動団体の情報は、ネット検索（例：「豊島区」「フリースクール」）や、下記社会福祉協議会ボランティアセンターで入手できます。

### ② 民間：新規に募集する

地元の社会福祉協議会が運営しているボランティアセンターで、本人の状態、ニーズにあったボランティアを募集することができます。たとえば、「話し・遊び相手、外出同行」で募集してみましょう。募集にあたっての費用は無料です。

具体的な募集内容・方法などは、ボランティアセンター職員が対応しますので、ボランティアセンターに直接ご相談ください。

また、ボランティアセンターは、「使用済み切手整理ボランティア」などさまざまな活動をしています。敷居が低く、参加しやすいものも多いので、本人の自己肯定感の回復や社会体験を積む場として貴重な機会にもなるでしょう。自宅や学校以外の活動先のひとつとして利用してみてください。

> ※相談窓口情報：お住まいの地域の教育委員会、社会福祉協議会ボランティアセンターにお問い合わせください。
>
> 全国都道府県教育委員会連合会　TEL：03-3501-0575
>
> 社会福祉法人全国社会福祉協議会　都道府県社協一覧
>
> TEL：03-3581-7820

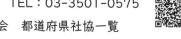

## （6）民間：フリースクール等多様な学び場

当事者　家族　支援者

　行き渋り・不登校などの生きづらさがある児童生徒に対して、個別学習や集団学習、相談やカウンセリング、社会体験や自然体験などの機会や場所を提供しているのがフリースクールです。

　また、保護者会等を通じて家族をサポートし、子どもの自分らしい学びの選択をできるように交通整理をしてくれるところでもあります。

　フリースクールは民間施設であり、多くはボランティア団体やNPO 法人をはじめとする非営利法人で運営されています。

　不登校の児童生徒がフリースクールで学び、一定の要件を満たせば、通学定期券の補助を受けたり、在籍する小中学校の校長判断で指導要領上出席扱いとなることがあります。ただし、フリースクールは在籍校への復学だけを目的としているわけではありません。

　フリースクールなど、多様な学び場の情報は、学校の担任や養護教諭、副校長、教頭、または教育委員会にお問い合わせいただくか、下記サイトからも情報を得ることができます。

※全国不登校新聞 （P113 参照）

※ NPO 法人フリースクール全国ネットワーク

※ NPO 法人日本フリースクール協会

※オヤトコ発信所　日本全国フリースクール紹介

## （7）民間：医療機関

　スクールカウンセラーや、教育支援センターなどへの相談のほか、一般の心療内科といった医療機関も相談先となりえます。

　たとえば、「児童精神科」を設けているクリニックなどは、不登校の悩みについてもカウンセリングを受けることができますので、こちらを利用するのもひとつです。

　人によっては、カウンセラーではなく、精神科医のほうが安心して何でも話せることもあるでしょう。

　行き渋りや不登校は、情緒などの問題に限らず、身体的症状が関係してくる場合もありますので、投薬治療を行うこともあります。

　※相談窓口情報：お住まいの地域の保健所にお問い合わせください（P168参照）。

## （8）民間：大学の相談室

　臨床心理士養成の大学院や、教育学部がある多くの大学では「相談室」が設置されており、地域住民も利用ができます。

　そうした相談室では、専門の大学教員や大学院生等が、行き渋りや不登校の相談にも対応してくれます。

　また、大学によっては、不登校生徒の自宅へも訪問してくれます。

　利用料（交通費含む）は、訪問1回あたり1,000～5,000円程度です。

　※相談窓口情報：最寄りの各対象大学にお問い合わせください。

# （9）民間：不登校親の会（家族会）

家族　　支援者

　子どもの「行き渋り・不登校」という生きづらさに直面した親の多くは、知識の上でも、心構えの上でも準備ができていないのが普通です。

　しかし、わが子の不登校・ひきこもりなどの生きづらさからの回復には、親、家族が落ち着きを取り戻し、余裕をもって子どもに向き合うことが必要です。

　そこで大きな助けになるのが、不登校の子を持つ親の会（家族会）です。親の会（家族会）は、子どもの不登校という同じ課題と悩みを持つ親たちが自発的につくった共助の場ですから、そこではきっと話が通じ、共感し合えます。

　また、わが子への接し方や、学校・担任との関わり方などについての具体的なアドバイスなど、さまざまな情報交換の場所にもなります。

　親の会（家族会）に参加して「悩んでいるのは自分ひとりではない」と、実感できるだけでも、こころが少し軽くなるはずです。

　ただ、同じ不登校の子を持つ親同士であっても、考えや性格が合わない人がいたり、会合の頻度が多すぎると、参加することが苦痛になったりすることもあります。

　親の会（家族会）では行き渋り、不登校に関する講演会や相談会、学習会などの単発イベントを開催したり、見学会やお試し参加の受入れなどを行ったりしているところもあります。まずは見学などをして雰囲気を確かめてから、参加・入会するかどうか検討してみましょう。

　親の会（家族会）の情報は、在籍校、教育委員会にお問い合わせいただくか、下記サイトからも情報を入手できます。

　※全国不登校新聞（本書 P113 参照）

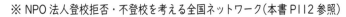

　※ NPO法人登校拒否・不登校を考える全国ネットワーク（本書 P112 参照）

# 「学齢期・青少年期の生きづらさ全般」の相談窓口

## （1）行政：子ども家庭支援センター

当事者　家族　支援者

　お住まいの役所で「子育て支援」を担当している部署が運営している「子ども家庭支援センター」（地域によっては、機関名称が異なる場合があります）は、0歳から18歳までの子どもと、家庭に関するあらゆる相談に応じ、それぞれに適した支援などを行っています。相談は無料です。

　具体的な所在地、利用方法等は、下記サイトでご確認のうえ、お問い合わせください。

　※全国児童家庭支援センター協議会

　※東京都福祉保健局子供家庭支援センター：TEL 03-5320-4371

## （2）行政：児童相談所

当事者　家族　支援者

　児童相談所では、0歳から18歳までの家庭から寄せられる擁護相談、障害相談、非行相談、育成相談、その他の相談を行っており、子どもの問題に総合的に対応する機関です。相談は無料です。

　具体的な所在地、利用方法などは、下記サイトでご確認のうえ、お問い合わせください。

　※厚生労働省全国児童相談所一覧：TEL 03-5253-1111

## （3）行政：子ども・若者総合相談センター

当事者　　家族　　支援者

　子ども・若者（概ね 39 歳まで）が抱える多種多様な悩みや困難を、その家族、地域住民とともに解決するための機関です。相談は無料です。

　具体的な所在地、利用方法等は、下記サイトでご確認のうえ、お問い合わせください。

※子ども・若者支援地域協議会等 事業情報（内閣府）

　子ども・若者総合相談センター所在地一覧
　（令和 2 年 3 月 31 日現在）
　TEL：03-5253-2111（代）

## ●お役立ち情報

### ①　不登校・青少年期の生きづらさの実態、制度、政策掲載サイト
（2021.5 月現在）

　ご家族や学校関係者に、不登校状態のわが子の対応を考えていくうえで知っておいてほしい制度、政策についての情報です。

　ご活用ください。

| 制度、政策等 | 電　話 | QR<br>コード |
|---|---|---|
| 文部科学省／児童生徒の問題行動・不登校等<br>生徒指導上の諸課題に関する調査<br>【調査・啓発】 | 03-5253-4111 ㈹ | |
| 日本財団／不登校傾向にある子どもの実態調査<br>【調査・啓発】 | 03-6229-5317 | |
| 文部科学省／教育機会確保法等について<br>【支援制度】 | 03-5253-4111 ㈹ | |
| 内閣府／子ども・若者育成支援推進法<br>【支援制度】 | 03-5253-2111 ㈹ | |

| 制度、政策等 | 電　話 | QRコード |
|---|---|---|
| 文部科学省／不登校支援　　　　【支援施策】 | 03-5253-4111 ㈹ | |
| NPO 法人フリースクール全国ネットワーク／不登校の子どもの権利宣言　【啓発活動】 | 03-5924-0525 ㈹ | |
| 文部科学省／いじめ対策（いじめ問題を含む子供の SOS に対する文部科学省の取組）　　　　　　　　　　　　　　【支援施策】 | 03-5253-4111 ㈹ | |
| 文部科学省／特例校（不登校児童生徒を対象とする特別の教育課程を編成して教育を実施する学校）について　　　　　【支援施策】 | 03-5253-4111 ㈹ | |
| 文部科学省／発達障害について　　　　　　　　　　　　　　【支援施策】 | 03-5253-4111 ㈹ | |
| 文部科学省／高等学校卒業程度認定試験（旧大検）　　　　　　　【支援施策】 | 03-5253-4111 ㈹ | |

## ②　いじめ・行き渋り・不登校に関する相談・情報を紹介する団体一覧（2021.5 月現在）

　「いじめ、行き渋り、不登校」の生きづらさに関する相談・情報収集できる民間団体紹介（一例）です。

　情報検索にお役立てください。

| 団体名等 | 電話・メール | QRコード |
|---|---|---|
| 不登校新聞　　　　　　　　　【情報収集】 | 03-6912-0981 | |
| 不登校サポートナビ　　　　　【情報収集】 | info@futoukou-navi.com | |
| 不登校総合ナビ　　　　　　　【情報収集】 | | |
| 不登校・高校中退・ひきこもりにお悩みのお母様のための相談サイト　　【情報収集】 | | |

| 団体名等 | 電話・メール | QR<br>コード |
|---|---|---|
| 東京シューレ出版　　　　　【情報収集】 | 03-5360-3770 | |
| NPO 法人ストップいじめ！ナビ<br>　　　　　　　【不登校要因・課題】 | info@stopijime.org | |
| NPO 法人<br>起立不耐症と起立性調節障害の会<br>　　　　　　　【不登校要因 課題】 | | |
| 独立行政法人国立病院機構<br>久里浜医療センター<br>インターネット依存症治療部門<br>　　　【不登校要因 課題（ゲーム依存）】 | 046-848-1550 | |
| 医療法人社団利田会周愛利田クリニック<br>　　　【不登校要因 課題（ゲーム依存）】 | 03-3911-3243 | |
| NPO 法人<br>日本トラウマ・サバイバーズ・ユニオン<br>　　　【不登校要因 課題（ゲーム依存）】 | 03-6453-6705 | |
| 一財ワンネス財団<br>　　　【不登校要因 課題（ゲーム依存）】 | 0120-111-351 | |
| NPO 法人 ASK<br>　【ゲーム依存・アルコール・依存性薬物等】 | 03-3249-2551 | |
| NPO 法人フリースクール全国ネットワーク<br>　　　　　　　　　【フリースクール】 | 03-5924-0525 | |
| NPO 法人日本フリースクール協会<br>　　　　　　　　　【フリースクール】 | 03-3370-6779 | |
| オヤトコ発信所日本全国フリースクール紹介<br>　　　　　　　　　【フリースクール】 | | |
| 学びリンク株式会社　　　　【学び・進学】 | 03-5226-5256 | |
| ズバット 通信制高校比較　　【学び・進学】 | 0120-963-569 | |
| ネットの高校　学校法人角川ドワンゴ学園<br>N 高等学校・S 高等学校　　【学び・進学】 | 0120-025-215 | |

| 団体名等 | | 電話・メール | QR<br>コード |
|---|---|---|---|
| TDU 雫穿大学 | 【学び】 | 03-6205-6079 | |
| NPO 法人 高卒支援会<br>※首都圏中心 | 【学習支援】 | 03-5937-0513 | |
| NPO 法人 キヅキ共育塾<br>※首都圏・大阪中心 | 【学習支援】 | 0120-501-858 | |

## ③ お役立ち書籍情報（一例）（2021.5 月現在）

ご家族や学校関係者に、不登校に関する理解を深めてもらう際に役立つ書籍情報（一例）をまとめましたので、ご活用ください。

| タイトル | 監修・著者 | 出版・発行 |
|---|---|---|
| 『不登校・ひきこもりが終わるとき』 | 丸山康彦 | ライフサポート社 |
| 『「不登校」「ひきこもり」の子どもが一歩を踏み出すとき』 | 内田良子 | ジャパンマシニスト社 |
| 『子どもが個性を輝かせるために親ができること　学びを選ぶ時代』 | 東京都フリースクール等ネットワーク | プチ・レトル |
| 『不登校と教育機会確保法<br>知る・広める・活用するためのQ&A』 | | 特活登校拒否・不登校を考える全国ネットワーク |
| 『ネット依存・ゲーム依存がよくわかる本』 | 樋口　進 | 講談社 /<br>健康ライブラリーイラスト版 |

# 第3節
# 「ひきこもりと生活困窮」の相談窓口

## （1）行政：保健所

当事者　家族　支援者

　精神保健福祉相談（電話・来所・訪問）や、訪問支援、講演会、家族会の実施などを行っています。

### ●相談例

　「話を聞いて欲しい」「自身の生きづらい困りごとに対して、精神保健の視点からの情報が欲しい」「医療機関など、社会資源の紹介をして欲しい」など。

### ●活用する際のメリット

　精神保健福祉分野の専門職が、原則、担当制、無料で相談にのってくれますし、必要に応じて医療機関の情報提供、つなぎ、同行をしてくれます。

　また、当事者だけでなく、家族や地域住民も相談することができます。

### ●活用する際のデメリット

　ア）原則担当地域割制、予約、担当者制です。

　　　（原則：地域・担当者を超えて、担当者交代の希望は不可）

　イ）行政機関となるので、定期的な人事異動があります（担当が変わる度に、新たに関係性をつくる必要がある）。

　ウ）地域、担当者によっては、支援内容などに関して温度差が生じる場合や、傾聴のみで困りごとの解決になかなかつながらない場合があます。

### ●名称について

　地域によっては、「保健福祉事務所」「福祉保健所」「保健福祉センター」「健康福祉センター」と名称が異なる場合があります

（法律の関係上、「保健所」と併記している場合もあり）。

## ●保健所と保健センターとの違い

　「保健所」は、主に都道府県によって運営されており、こころの相談や感染症の相談など専門的なサービスを提供しています。

　「保健センター」は、市区町村によって運営されており、健康指導や健康診断など住民に身近なサービスを提供します。

　あくまでも「保健センター」は、市町村レベルでの「健康づくりの場」の機能が強いので、地域によっては、生きづらさ支援の対応が不十分の場合もあり、他の社会資源を紹介されることもあります。

　保健所・保健センターは下記サイトで検索することができます。

　※保健所管轄区域案内（厚生労働省）TEL 03-5253-1111 ㈹

　※保健所・保健センター検索「公共施設パブリネット」

## （2）行政：精神保健福祉センター

当事者　　家族　　支援者

　こころの病気や困りごと（精神疾患、依存症、思春期、青年期のメンタルヘルス、認知症など高齢者の困りごと、疾患の診断が出ていなくても、何らかのこころの不調やストレス、社会復帰等）について、無料で電話や対面での相談ができます（原則予約制）。

　精神保健福祉士や医師などの専門家が対応し、必要に応じて支援制度などの情報提供もしてくれます。

　また、買い物やギャンブル、ゲーム依存症などについては、専門の相談員が配置された「依存症相談拠点」としての機能を持つセンターもあります。

## ●活用する際のメリット

　　ア）精神保健福祉センターは、こころの困りごとに対処するための入口として、とても役立つ機関です。

イ）診断を受けていなければ相談できないというわけではなく、診断以前の状態でもこころのつらさを相談し、対応してもらえます（無料・予約制）。

ウ）精神保健福祉士や医師など専門家のサポートを受けることができ、医療機関や必要な支援の情報を無料で入手できます。

●**活用する際のデメリット**

ア）地域、センターによっては、支援体制に温度差があります。

イ）お住いの近くに、センターがない場合があります。問合せをする前に、「精神福祉保健センター」のホームページを見て、支援内容やアクセスなどを確認して、相談する内容などを整理してから連絡してみてください。


精神保健福祉センターの所在地、連絡先などの情報は、下記サイトから得ることができます。

※全国精神保健福祉センター長会ホームページ　
　全国精神保健福祉センター一覧


## （3）民間：医療機関

当事者　　家族　　支援者

医療機関では、子どもから成人にいたるまで、うつ病、発達障害、統合失調症といった精神の障害や、こころや体の病気の診断と治療をしてくれます。

●**医療機関の探し方**

お住まいの地域の保健所、精神保健福祉センター、役所（福祉窓口）などに問い合せると、医療機関に関する相談に応じてくれたり、情報を提供してくれます。

また、お住いの地域の精神医療の医療機関については、以下のサイトからでも探せます。

※各地の精神科・心療内科などの医療機関（厚生労働省）

※医療機関の探し方、選び方（厚生労働省）

※夜間・休日に受診できる精神科の救急医療機関一覧
（厚生労働省）令和3年1月現在

## ●受診科の選び方

　実際に医療機関にかかるとき、看板の診察科目名がさまざまなので、自分の症状にあった診療科目はどこなのか、どこに通院すればよいのか迷う、との声を聞きます。以下に厚生労働省ホームページ「みんなのメンタルヘルス総合サイト／医療機関の選び方」を基に、診療科目別に整理しましたので、参考にしてください。

### ［精神科、精神神経科］

　「精神科」と「精神神経科」は特にわかりづらいですが、どちらも同じものです。

　いずれも「うつ病」「統合失調症」「神経症性障害」などの、こころの病気を診察する、精神科の医療機関です。

### ［心療内科］

　「心療内科」は、「内科」の一部で、ストレスが関連する「からだの病気（胃潰瘍、喘息、アトピー、じんましん、頭痛など）」を診察するところです。

　※「心療内科」と案内があっても、実際にはこころの病気を診察している医療機関はたくさんあります。ただし、こころの病気を全て診察するわけではなく、「軽いうつ病」や「神経症性障害」など、一部のこころの病気しか診察しない機関もあるので、事前に確認する必要があります。

### ［神経内科］

　「神経内科」は、パーキンソン病や脳梗塞、手足の麻痺や震えなどの脳や脊髄、神経、筋肉の病気を診察している内科です。精神的

な病気を主に診察しているわけではありません。

　しかし「神経内科」と案内があっても、実際にはこころの病気を含めて診察しているところもあります。

　また、「認知症」や「てんかん」は、精神科でも神経内科でも診察してもらえます。

### ［精神科診療所（クリニック）］

　診療所（クリニック）とは、原則、入院用のベッドを持たない医療機関のことです。

　精神科診療所では、うつ病、不安障害、認知症、統合失調症をはじめ、精神科のさまざまな病気を診療しています。

　駅前など、通院に便利な場所に多くあります。

### ［精神科病院］

　精神科病院は、20床以上のベッド数があり、必要に応じて入院できるところが精神科診療所と異なる点です。

　精神科病院では、うつ病、不安障害、認知症、統合失調症をはじめ、精神科のさまざまな病気を診療しています。

　病院によっては、救急医療や、子ども・依存症など特に専門的な医療を行っているところがあります。

### ［総合病院の精神科］

　総合病院は、100以上のベッド数がある医療機関で、内科や外科など多くの診療科目がある、総合的な病院です。精神科の診療も行っているところがあります。

　身体と精神を一緒に診てもらいたい場合に役立ちます。

### ●医療機関を選ぶときの「視点」について

　下記を参考に、ご自身で受診したい動機や条件などを整理し、優先順位を付けて、選んでみてください。

　助言など欲しい場合は、保健所に相談することもできます。

## ［精神科医の得意分野は合っているか］

　精神科医師の多くは、うつ病や統合失調症や神経症など、こころの病気を幅広く診療していますが、原則、医師は専門・得意分野を持っています。

　受診する前に、行きたい医療機関に所属している医師の診療方針などをホームページなどで確認してから、電話などで誰がどのような症状でかかりたいのかを伝え、受診が可能かを確かめたほうがよいでしょう。

　※精神科の医師は、社会制度に繋がるための必要な診断や書類作成、ならびに、現状の症状からくる困りごとが悪化しないための対策をしてくれることが主な役割です。過度な期待等は、持たないことをお勧めします。

　※投薬治療の考え方などの確認をしておくことも大事です。

## ［専門性や治療プログラム、スタッフは居るか］

　医療機関によって、ディ・ケアやナイト・ケア、集団療法などの治療プログラムを実施しているところがあります。

　また、生活支援の調整を行う「ソーシャルワーカー」や、こころの悩みを傾聴する「カウンセラー（臨床心理士など）」などの、専門スタッフがいるかは医療機関によって異なります。

　医療機関に隣接して、カウンセリングセンター（通常医療保険は適用されません）を併設しているところもあります。

## ［主治医やスタッフが十分に話を聴いてくれるか］

　主治医やスタッフとの相性もとても重要です。

　自分のこころの状態をわかってもらえないと、治療の効果が十分に期待できないこともあります。

　ただ、主治医やスタッフに、自分のこころの状態を十分にわかってもらうには、それなりの時間がかかります。

　わかってもらえないからといって、通院先を次々に変えるのがよいとは限らないので、セカンドオピニオンのタイミングに関して

は、家族や保健所などに相談しながら、慎重に判断していくことをお勧めします。

　　※セカンドオピニオンとは、現在かかっている医師（主治医）以外の医師に、第2の意見を求めることです。

**[治療方針などを具体的に話してくれるか]**

　うつ病や統合失調症などの併存障害がある場合は、どのような治療がどのくらいの期間必要となるかなど、丁寧に説明してくれるか、また傾聴だけでなく、日常生活の過ごし方なども具体的な指示をしてくれるかについても、医療機関を選ぶ際の大変重要な判断材料になります。

　　※薬に関しては、主治医だけでなく、薬剤師にも相談してみることをお勧めします。

**[医療機関の所在地、交通経路、診察時間の確認]**

　こころの病気は通院期間が長くなることが多いので、通いやすい場所かどうか、交通費はどのくらいかかるか、自分の通える曜日や時間帯に診療しているかについても重要です。

**[家族、職場等環境調整の手配・対応をしてくれるか]**

　本人が受診できないときや、本人の環境の調整が必要な場合には、本人を取りまく「家族、職場」などの困りごとも聞いてくれたり、助言をしてくれるかどうかも大切なポイントです。家族だけでなく、本人の生活を安定したものにするためにも重要でしょう。


## （4）行政：ひきこもり地域支援センター

当事者　　家族　　支援者

　厚生労働省が、「ひきこもり支援推進事業」の一環として、2009年度から取り組んでいる地域の専門的な第一次相談窓口として「ひきこもり地域支援センター」があります。

　このセンターは、都道府県、指定都市に設置されており、社会福

祉士、精神保健福祉士、臨床心理士等の有資格者や、若者支援など
に広い知識を持つひきこもり支援コーディネーターが、ひきこもり状
態にある人やその家族に相談支援を行い、適切な支援に結びつけます。

　また、「ひきこもり支援」にかかわる情報発信、地域の「ひきこ
もり支援」の中心として存在しています。

　相談は、原則予約制で無料です。

　各地域の「ひきこもり地域支援センター」は、下記より確認でき
ます。

※ひきこもり地域支援センター設置状況（厚生労働省）

　（令和 2 年 12 月 1 日現在）

　TEL 03-5253-1111 ㈹

　ご家族から、次のようなひきこもりに関する相談を受けることが
よくあります。ひきこもり状態にある当事者への理解を深める視点
として参考にしてください。

　「ひきこもり」と「ニート」の違いって何でしょうか？

　まず、ひきこもりとニートの共通点は、学校、職場など社
会的所属先を持っていないという点です。

　違いは、つながりを持っているかどうかだと考えます。ひきこ
もりは、場合によっては家族も含めた社会とのつながりを断ち
切って、孤立無援状態にある状態です。ニートは、人間的な繋が
りはあるという状態です。

Q　ひきこもり状態にある本人に対して、家族らはどのように
関わればよいですか？

**A** まずは偏見を持たず普通に接する。そして否定や価値観を押しつけない。聞き役に徹し、あなたの助けになりたいという気持ちを伝えることが基本です。

より具体的な対応については、ひきこもり家族会（P178 参照）に相談してみてください。


## (5) 行政：生活困窮者自立支援制度

当事者　　家族　　支援者

働きたくても仕事がない、家族の介護のために仕事ができない、再就職できず雇用保険が切れた、社会に出るのがこわい……。

ひきこもり状態にある本人とその家族は、生活困窮状態に陥っているケースも多いです。

さまざまな困難の中で、生活に困窮している人に包括的な支援を行うものとして、「生活困窮者自立支援制度」があります。

就職、住まい、家計などの生活に悩みを抱えた人は、ぜひひとりで悩まず、お住まいの都道府県や市町村の相談窓口に相談してみてください。相談は原則予約制で無料です。

なお、具体的な所在地、利用方法は、下記サイトでご確認のうえ、直接お問い合わせください。

※生活困窮者自立支援制度の紹介（厚生労働省）

　（令和 2 年 5 月 25 日現在）

　TEL 03-5253-1111 ㈹

※自立相談支援機関相談窓口一覧（厚生労働省）

　（令和 2 年 5 月 25 日現在）

　TEL 03-5253-1111 ㈹


昨今では、ひきこもり地域支援センターなどと自立相談支援機関が連携強化し、トータル的に相談者のサポートを行う状況も増えて

きています。

　また、生活に困った際に、役立つ情報が掲載されているサイトもありますので活用してみてください。

　※お金を学べる情報ポータルサイト：ファイグー

　当事者から、次のような生活困窮に関する相談を受けることがよくあります。対応の参考にしてみてください。

**Q**　お金もなく、食べるものがないのですが、どこに相談すればよいですか？

**A**　民間のボランティア団体やNPO法人が行っている、子ども食堂、フードバンク、炊き出しは、無料、または低料金で利用できます。

　お住まいの地域の福祉事務所、社会福祉協議会に直接お問い合わせいただければ、詳細を教えてくれるでしょう。

**Q**　住むところがありません。家賃が払えません。どこに相談すればよいですか？

**A**　住まいに関する支援として、生活困窮者自立支援制度に基づく「住居確保給付金」などがあります。

　お住まいの地域の社会福祉協議会、自立相談支援機関に直接お問い合わせいただければ、詳細を教えてくれるでしょう。

　そのほか、生活費に困ったときの「生活保護申請」も検討できます（P211参照）。

## （6）民間：ひきこもりの親の会（家族会）

当事者　家族　支援者

　ひきこもりの家族会は、思いを分かち合う、孤立防止・仲間づくり、情報交換などの交流を目的に、ひきこもり状態にある子どもを持つ家族が、自主的に集まり活動している団体（自助会）です。


## ●お役立ち情報

### ①　ひきこもり・生活困窮実態　制度・政策掲載サイト（2021.5月現在）

　ご家族や支援者の人に、ひきこもり・生活困窮状態にあるわが子の対応等を考えていくうえで知っておいてほしい制度、政策についての情報です。ご活用ください。

| 制度、政策等 | 電　話 | QR<br>コード |
|---|---|---|
| 内閣府／青少年に関する調査研究等 | 03-5253-2111㈹ | |
| 厚生労働省／ひきこもり支援推進事業 | 03-5253-1111㈹ | |
| 厚生労働省／生活困窮者自立支援制度 | 03-5253-1111㈹ | |
| 厚生労働省／「地域共生社会」の実現に向けて | 03-5253-1111㈹ | |
| 内閣官房／就職氷河期世代支援プログラム | 03-5253-2111㈹ | |
| 厚生労働省／障害者手帳について | 03-5253-1111㈹ | |
| 厚生労働省／自立支援医療制度について | 03-5253-1111㈹ | |
| 日本年金機構／障害年金について | 0570-05-1165 | |

| 厚生労働省／年金生活者支援給付金制度について | 0570-05-4092 | |
|---|---|---|
| 厚生労働省／生活保護制度について | 03-5253-1111 ㈹ | |
| 東京都福祉保健局／ヘルプマークについて | 03-5320-4147 | |

## ② ひきこもり、生活困窮支援団体に関する相談・情報を紹介する民間団体一覧（2021.5 月現在）

「ひきこもりと生活困窮」の生きづらさに関する相談・情報収集ができる民間団体（一例）です。情報検索にお役立てください。

| 団体名等 | 電話・メール | QRコード |
|---|---|---|
| NHK #こもりびと　【情報収集】 | 0570-066-066 | |
| NHK クローズアップ現代 ひきこもり　【情報収集】 | 0570-066-066 | |
| NHK 厚生文化事業団<br>ひきこもりからの回復 DVD 無料貸出し　【情報収集】 | 03-3476-5955 | |
| ひきこもりフューチャーセッション庵　【情報収集 / 居場所】 | hiki.iori@gmail.com | |
| 引きこもりするオトナたち /<br>ダイヤモンドオンライン　【情報収集】 | Otonahiki@gmail.com | |
| ひきこもり 30 人とお茶をしたら‥<br>亀山早苗　【情報収集】 | | |
| ひきこもり新聞　【情報収集】 | info@hikikomori-news.com | |
| ひきポス　【情報収集】 | | |
| ダイバーシティ同盟　【情報収集】 | | |

| 団体名等 | 電話・メール | QR コード |
|---|---|---|
| ひきこもりピアサポート日記　　　【情報収集】 | | |
| ひきこもりピアサポーターインタビュー動画（作成：NPO 法人 KHJ 全国ひきこもり家族会連合会）　　　　　　　【ピアサポート】 | 03-5944-5250 | |
| ひきこもり UX 会議　　　【当事者活動団体】 | info@uxkaigi.jp | |
| ひきこもりトータルビューティプロジェクト　　　　　　　　　　　【当事者活動団体】 | | |
| 生きづらわーほりプロジェクト　　　　　　　　　　　【当事者活動団体】 | | |
| ひきこもり外交官（さえきたいち）　　　　　　　　　　　　【当事者活動】 | | |
| ひきこもりの地域家族会連絡協議会（東京）　　　　　　　　　　　　　　【家族会】 | info@rakukai.com | |
| NPO 法人共生舎　　　　【社会参加準備】 | 0739-62-0400 | |
| NPO 法人山村エンタープライズ【社会参加準備】 | 0868-73-0020 | |
| NPO 法人わかもの就労ネットワーク　　　　　　　　　　　【社会参加準備】（文化学習：協同ネットワーク文化学習センター内） | 0422-47-8706 | |
| 社会福祉法人生活クラブ 風の村ユニバーサル就労　　　　　　　【社会参加準備】 | 043-309-5811 | |
| 日本労働者協同組合 ( ワーカーズコープ ) 連合会　　　　　　　　　【社会参加準備】 | 03-6907-8030 | |
| 一般社団法人コミュニティメンタルヘルスアウトリーチ協会東北福祉大学せんだんホスピタル S-ACT　　　　　　　【訪問支援】 | 022-303-0168（平日：10 時～17 時対応） | |
| 一般社団法人生活困窮者自立支援ネットワーク困窮者支援情報共有サイト～みんなつながるネットワーク～【情報収集】 | 未公開 | |

| 団体名等 | 電話・メール | QR<br>コード |
|---|---|---|
| ビッグイシュー基金<br>路上脱出・生活 SOS ガイド<br>　　　　　　　【生活困窮支援情報】 | 03-6380-5088 | |
| 一般社団法人生活困窮者自立支援全国ネット<br>ワーク　　　　　　【生活困窮支援団体】 | 03-3232-6131 | |
| NPO 法人ホームレス支援全国<br>ネットワーク　　　　【生活困窮支援団体】 | 093-651-7557 | |
| 一般社団法人全国居住支援法人協議会<br>　　　　　　　　　　【住まい支援団体】 | 03-6273-8660 | |
| 合同会社 Renovate Japan<br>　　　　　　　　　　【住まい支援団体】 | | |

### ③　お役立ち書籍情報（一例）（2021.5 月現在）

　ご家族、支援者の人に、ひきこもり・生活困窮状態にある当事者への理解を深めることに役立つ書籍（一例）をまとめましたので、ご活用ください。

| タイトル | 監修・著者 | 出版・発行 |
|---|---|---|
| 『特別講義「ひきこもり大学」<br>当事者が伝える「心のトビラ」を<br>開くヒント』 | ひきこもり大学<br>出版チーム | 潮出版 |
| 『ひきこもりのライフストーリー』 | 保坂渉 | 彩流社 |
| 『いまこそ語ろう、それぞれのひき<br>こもり』 | 林恭子・斎藤環 | 日本評論社 |
| 『子どもがひきこもりになりかけた<br>ら』 | 上大岡トメほか | KADOKAWA |
| 『親から始まるひきこもり回復』 | 臨床心理士 桝田智彦 | ハート出版 |
| 『CRAFT ひきこもりの家族支援<br>ワークブック「若者がやる気にな<br>るために家族ができること」』 | 境泉洋・野中俊介 | 金剛出版 |
| 『みんなのひきこもりつながりの時<br>代の処世術』 | 加藤隆弘 | 木立の文庫 |
| 『NHK テキスト<br>きょうの健康 2020.11 月号』 | | NHK 出版 |

# 第4節
# 「発達障害」の相談窓口

## （1）行政：発達障害者支援センター

当事者　　家族　　支援者

　発達障害者支援センターは、発達障害児（者）とその家族、関係機関などからの相談を受け付け、家庭での療育方法についてのアドバイスや、児童相談所や医療と連携を図るなど、発達障害に特化した支援を行っています。

　「発達障害者支援法」に基づく施設で、都道府県・指定都市が、民間委託を含めて実施しています。

　原則予約制、相談料無料です。

　発達障害者支援センターの情報は、国立障害者リハビリテーションセンター「発達障害情報・支援センター」ホームページで確認できます。

　その他の相談先としては、お住まいの市町村の「障害福祉課、精神保健福祉センター」があります。

　ご家族から、発達障害に関する相談を受けたときの、よくある項目をあげてみました。理解促進、対応等の参考にしてください。

**Q** 「発達障害」とは何ですか？

 **A** 生まれつきの脳の一部の機能（主に認知、情報処理を行う部分）に、障害があることによる特性のことで、「病気」とは異なります（参考：厚生労働省「みんなのメンタルヘルス」）。

最近、自然災害が増えていますが、発達障害の本人とその家族が被災した場合は、どうしたらよいでしょう。

 国立障害者リハビリテーションセンター発達障害情報・支援センターのホームページに、対応例が掲載されていますので、参考にしてみてください。

※災害時の発達障害児・者支援について

## お役立ち情報

### ① 発達障害 制度・政策掲載サイト（2021.5月現在）

ご家族、支援者の人に、当事者の対応等を考えていくにあたって、知っておいて欲しい制度や政策をまとめましたので、ご活用ください。

| 制度、政策等 | 電　話 | QRコード |
|---|---|---|
| 政府広報オンライン／発達障害ってなんだろう？　　　　　　　　　【情報発信・啓発】 | 03-5253-2111 ㈹ | |
| 厚生労働省／<br>障害者総合支援法　　　　　　　【支援制度】 | 03-5253-1111 ㈹ | |
| 厚生労働省／発達障害者支援法<br>　　　　　　　　　　　　　　　【支援制度】 | 03-5253-1111 ㈹ | |
| 厚生労働省／発達障害者支援施策<br>　　　　　　　　　　　　　　　【支援制度】 | 03-5253-1111 ㈹ | |
| 国立障害者リハビリテーションセンター<br>発達障害情報・支援センター<br>　　　　　　　　　　　【情報発信・啓発】 | 042-995-3100 ㈹ | |
| 独立行政法人国立特別支援教育総合研究所<br>発達障害教育推進センター<br>　　　　　　　　　　　【情報発信・啓発】 | | |

## ② 発達障害支援に関する相談・情報を紹介する民間団体一覧（2021.5 月現在）

　ご家族、支援者の人に、発達障害（傾向を含む）当事者への理解を深めるために役立つサイト（一例）をまとめましたので、情報検索にお役立てください。

| 団体名等 | 電話・メール | QRコード |
|---|---|---|
| NHK 保健 Ch 発達障害関連　　　　【情報発信・啓発】 | 0570-066-066 | |
| 発達障害ポータルサイト LITALICO 発達ナビ　　　【情報発信・啓発】 | | |
| 図表でわかる！発達障害（発達障害のあるお子様向けキャリアデザイン教育）　　　　　　　　　　　　【情報発信・啓発】 | | |
| 発達障害当事者協会　　　　　　　【情報発信・啓発】 | | |
| NPO 法人 DDAC　　　　　　【支援団体】 発達障害をもつ大人の会 | 06-6949-8990 | |
| イイトコさがし　　　【コミュニケーション支援】 | | |
| NPO 法人全国言友会連絡協議会　　【吃音のある方の支援団体】 | 03-6908-6333 | |
| NPO 法人日本トゥレット協会　　　【チックのある方の支援団体】 | 045-315-3288 | |
| 一般社団法人 読み書き配慮　　　【学習障害のある方の支援団体】 | 03-5973-3870 | |
| アスペルガー・アラウンド　　　【支援団体】 | | |
| 発達障害 2.0 イベントまとめサイト【居場所】 | | |
| 大人の発達障害当事者のためのピアサポート Necco（ネッコ）　　　　　　　　　【居場所】 | 03-6233-7456 | |

| 団体名等 | 電話・メール | QRコード |
|---|---|---|
| 発達障害バー<br>　　BAR The BRATs @渋谷・表参道<br>【居場所】 | | |
| Book Cafe Co-Necco　　【居場所】 | 052-842-9137 | |
| 旅 BAR 夢 PORT　　【居場所】 | 080-9728-0210 | |
| 発達障害アートギャラリーカフェ・バー<br>金輝（キンキ）　　【居場所】 | 06-7709-0606 | |

### ③　お役立ち書籍情報（一例）（2021.5 月現在）

　ご家族、支援者の人に、発達障害（傾向を含む）当事者への理解を深めることに役立つ書籍（一例）をまとめましたので、ご活用ください。

| タイトル | 監修・著者 | 出版・発行 |
|---|---|---|
| 『こんなサポートがあれば！』 | 梅永雄二 | エンパワメント研究所 |
| 『発達障害サバイバルガイド』 | 借金玉 | ダイヤモンド社 |
| 『アスペルガーだからこそ私は私 発達障害の娘と定型発達の母の気づきの日々』 | 白崎やよい・白崎花代 | 生活書院 |
| 『旦那さんはアスペルガー奥さんは・・カサンドラ』 | 野波ツナ | コスミック出版 |
| 『おうちでタッチケア』 | ぐるーみん三宮華子 | 学研 |
| 『「繊細さん」の本』ほか「繊細さん」シリーズ | 武田友紀 | 飛鳥新社ほか |
| 『発達障害の人の会話力がぐんぐん伸びるアイスブレイク＆ワークショップ』 | 冠地情ほか | 講談社 |

# 「LGBTQ+」の相談窓口

## （1）行政：男女平等推進センター

当事者　家族　支援者

　「男女共同参画社会」の実現のための、男女の悩み、生き方に関する各種相談（対面、電話）、講座などを通じて、LGBTQ+ の人々の支援を行っています。

　多くの地域は、役所の「男女共同参画」の窓口が、委託を含め担当していることが多いので、利用方法などは、直接お住まいの役所の担当窓口もしくは、下記リストを参考にお問い合わせください。

　※「全国男女共同参画関連施設」

## （2）民間：一般社団法人社会的包摂サポートセンター
## 　［よりそいホットライン］

　24 時間どこからかけても無料の電話相談です。暮らしの困りごと、死にたいほどつらい、10 代 20 代の女の子の悩み、自殺予防、DV、性暴力、セクシュアルマイノリティー、被災後の暮らしでの困りごとなどの専門回線が用意されています。外国語でも相談できます。

　電話：フリーダイヤル：0120-279-338

　　　　（携帯電話・PHS・公衆電話からも繋がります）

　　　　〔岩手県・宮城県・福島県からおかけの場合〕

　　　　フリーダイヤル：0120-279-226

　　　　（携帯電話・PHS・公衆電話からも繋がります）

　FAX：0120-773-776

　　　　〔岩手県・宮城県・福島県からおかけの場合〕0120-375-727

　※電話、FAX のほかに、チャットや SNS による相談にも対応しています。

## （3）東京弁護士会　セクシュアル・マイノリティ電話法律相談

　セクシュアル・マイノリティに関するあらゆる法律問題について、電話で直接、弁護士に相談することができます。

　※ TEL 03-3581-5515

　（第2・4木曜：午後5時〜午後7時　※祝祭日の場合は翌金曜日）

　上記の窓口は一例ですので、これ以外の情報は本書P194の「地域別相談窓口マップ」（インターネット検索）を参考に捜してみてください。

### ●カンタンにわかる「LGBT」のこと
### ①セクシュアリティ（性のあり方）とは？

　私たち1人ひとりの性のあり方のことを、セクシュアリティといいます。

　セクシュアリティは主にこの4つの要素から成り立ちます。

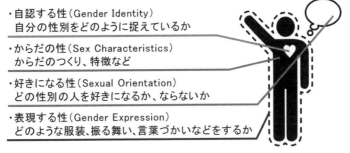

・自認する性（Gender Identity）
　自分の性別をどのように捉えているか

・からだの性（Sex Characteristics）
　からだのつくり、特徴など

・好きになる性（Sexual Orientation）
　どの性別の人を好きになるか、ならないか

・表現する性（Gender Expression）
　どのような服装、振る舞い、言葉づかいなどをするか

※出典：認定特定非営利活動法人 ReBit

### ②さまざまなセクシュアリティ

　セクシュアリティを表す名前はたくさんあります。いくつかを紹介します。

### ＊自認する性と出生時に割り当てられた性の関係を表す名前

・シスジェンダー：自認する性と、出生時に割り当てられた性が一致する人。

・トランスジェンダー：自認する性と、出生時に割り当てられた性が異なる人。

[トランスジェンダーを表す、いろいろな名前]

・トランスジェンダー女性：自認する性が女性、出生時に割り当てられた性が男性の人。

・トランスジェンダー男性：自認する性が男性、出生時に割り当てられた性が女性の人。

・Xジェンダー：自認する性が男女のどちらかではない人。

＊性自認と性的指向の関係を表す名前

・ヘテロセクシュアル：自認する性が女性で、好きになる性が男性の人。および、自認する性が男性で、好きになる性が女性の人。

・レズビアン：自認する性が女性で、好きになる性が女性の人。

・ゲイ：自認する性が男性で、好きになる性が男性の人。

・バイセクシュアル：女性も男性も好きになる人。

・パンセクシュアル：好きになる性を問わない人。

・アセクシュアル：好きになる性をもたない人。

・クエスチョニング：セクシュアリティがわからない、決められない、またはあえて決めない人。

③「セクシュアルマイノリティ」や「LGBT」

　「シスジェンダー」かつ「ヘテロセクシュアル」の人を「セクシュアルマジョリティ」といいます。そうでない人を「セクシュアルマイノリティ」といいます。

　また、「レズビアン」「ゲイ」「バイセクシュアル」「トランスジェンダー」の頭文字をとって、「LGBT」といいます。

## ④ LGBT の人口

LGBT の人たちは、国内に約 3～10%いるといわれています。

参考情報：LGBT やセクシュアルマイノリティの推計には様々な国内調査がある。「働き方と暮らしの多様性と共生」研究チーム（2019）「大阪市民の働き方と暮らしの多様性と共生にかんするアンケート」では LGBT が 2.7%、「アセクシュアル」「決めたくない・決めていない」を含めると 8.2%。株式会社 LGBT 総合研究所（2016）「LGBT に関する意識調査」では、LGBT が 5.9%、LGBT を含めたセクシャルマイノリティが 8.0%。電通ダイバーシティ・ラボ（2018）「LGBT 調査 2018」では、LGBT を含む性的少数者（セクシュアル・マイノリティ）が 8.9%。日高庸晴・三重県男女共同参画センター「フレンテみえ」（2018））「多様な性と生活についてのアンケート調査」では LGBTQ が 10.0%。岩手県高校教育研究会学校保健部会・いわて思春期研究会（2013）「高校生の生と性に関する調査」ではセクシュアルマイノリティが 10.1%などがある。

## お役立ち情報

### ① LGBTQ+ 民間支援団体お役立ちサイト（一例）（2021.5月現在）

「LGBTQ+」の生きづらさに関する相談や情報収集ができる民間団体（一例）です。 情報検索にお役立てください。

| 団体名 | 問合せ先 | QRコード |
|---|---|---|
| NHK ハートネット TV<br>LGBTs 【情報発信・啓発】 | 0570-066-066 | |
| 認定 NPO 法人虹色ダイバーシティ<br>【支援団体】 | | |
| 公益社団法人アムネスティ・インターナショナル日本<br><br>【支援団体】 | 03-3518-6777 | |
| 九州レインボープライド<br>【支援団体】 | | |
| レインボー金沢<br>【支援団体】 | | |
| NPO 法人　SHIP<br>【支援団体】 | 045-306-6769 | |
| JobRainbow<br><br>【LGBT 求人サイト】 | | |
| LGBT 支援ハウス<br>【住まい支援団体】 | info@lgbthf.tokyo | |
| nijipi<br>【LGBT 転職就活ノウハウ】 | | |

| 団体名 | 問合せ先 | QR<br>コード |
|---|---|---|
| プライドハウス東京　　【支援団体】 | | |
| LGBT 法連合会　　【支援団体】 | 03-5802-6650 | |

## ② お役立ち書籍情報（一例）（2021.5 月現在）

　ご家族、支援者の人に、LGBTQ+ への理解を深めるのに役立つ書籍の一例です。ご活用ください。

| タイトル | 監修・著者 | 出版・発行 |
|---|---|---|
| 『性自認および性的指向の困難解決に向けた支援マニュアルガイドライン』 | LGBT 法連合会 | 一般社団法人社会的包摂サポートセンター |
| 『はじめて学ぶ LGBT 基礎からトレンドまで』 | 石田　仁 | ナツメ社 |
| 『先生と親のための LGBT ガイド』 | 遠藤　まめた | 合同出版 |
| 『X ジェンダーって何？　日本における多様な性のあり方』 | Label X | 緑風出版 |
| 『LGBT を読みとく〜クィア・スタディーズ入門』 | 森山　至貴 | 筑摩書房 |
| 『LGBT とハラスメント』 | 神谷　悠一ほか | 集英社 |
| 『カミングアウト』 | 砂川　秀樹 | 朝日新聞出版 |
| 『百合のリアル』 | 牧村　朝子ほか | 小学館 |

# 地域相談窓口

## （1）民間：社会福祉協議会・地域福祉コーディネーター・コミュニティソーシャルワーカー（生活支援コーディネーター）

**当事者　家族　支援者**

社会福祉協議会は、1951年に制定された社会福祉事業法（現在の「社会福祉法」）に基づき、都道府県、市区町村で暮らす市民に、民生委員・児童委員、社会福祉施設・社会福祉法人等の社会福祉関係者、保健・医療・教育などの関係機関の参加・協力のもと、住み慣れたまちで安心して生活できる「福祉のまちづくり」の実現をめざした、さまざまな活動を行っています。

特に、コミュニティーソーシャルワーカーやボランティアセンターなどは、生きづらさを抱えている人々の支援（各種相談、訪問・同行支援など）に取り組んでいます。

相談は原則無料、事前予約制です。具体的な所在地、利用方法は下記サイトでご確認のうえ、直接お問い合わせください。

※全国社会福祉協議会 03-3581-7820

※コミュニティソーシャルワーカー事業概要

上記で紹介した以外にも、各市町村の担当窓口で「生きづらさの相談」ができる場合もあります。

お住いの市町村での担当窓口がわからず、何処に相談したらよいか困ったときは、相談したい内容を整理して、役所の代表番号に問い合わせて、相談内容に適した窓口を紹介してもらうようにしてください。

また、お住いの地域の民生委員や自治会長、議員等に、問合せ・相談してみるのもひとつです。

## お役立ち情報

### ①行政 電話・SNS 相談、健康情報が得られる媒体について（2021.5 月現在）

電話・SNS 相談、健康情報が得られる媒体（一例）をまとめてみました。検索時にお役立てください。

| 団体名等 | 問合せ先 | QRコード |
|---|---|---|
| 厚生労働省／電話相談窓口一覧　　　　　　【相談】 | 03-5253-1111 ㈹ | |
| 厚生労働省／SNS 相談等を行っている団体一覧　　　　　　　　　　　　【相談】 | 03-5253-1111 ㈹ | |
| 厚生労働省／みんなのメンタルヘルス　　　　　　　　　　　　　　【健康情報】 | 03-5253-1111 ㈹ | |
| 厚生労働省／こころもメンテしよう　　　　　　　　　　　　　　【健康情報】 | 03-5253-1111 ㈹ | |
| 厚生労働省／こころの耳　　　　　　　　　　　　　　　【健康情報】 | 03-5253-1111 ㈹ | |

# 地域別相談窓口マップ

　ここでは、本書で取り上げた困りごと別相談先を中心に、行政・民間各相談窓口を地域別にまとめましたので、情報収集にお役立てください。（2021年5月現在）

| | | |
|---|---|---|
| 北海道 | さっぽろ子ども・若者地域支援協議会 011-223-4421<br><br>精神保健福祉社会資源情報 011-231-4111 | |
| 青森県 | あおもり子ども・若者支援機関マップ 017-777-6123<br><br>こころの相談窓口ネットワーク相談先一覧<br>017-734-9307 | |
| 岩手県 | 子ども・若者育成支援について 019-651-3111 | |
| 宮城県 | 相談機関一覧 0229-23-1657<br><br>石巻圏域資源 0229-23-1657<br><br>大崎・栗原圏域 0229-23-1657<br><br>子どもの居場所マップ（多様な学びを共につくるみやぎネットワーク 090-8561-4267 | |
| 秋田県 | ふきのとうホットライン～心の健康相談窓口一覧<br>018-860-1422 | |

| | | |
|---|---|---|
| 山形県 | 若者支援・青少年 023-630-2211<br><br>ひきこもり支援ガイドブック 023-630-3269<br><br>子ども居場所等 023-622-5805 | |
| 福島県 | 子ども・青少年政策課 024-521-7187<br><br>悩んでいる青少年とご家族のための<br>ふくしま相談支援マップ 024-546-0006 | |
| 茨城県 | 青少年と保護者のための相談窓口一覧<br>029-301-2183 | |
| 群馬県 | 子ども・若者への支援 027-226-2393 | |
| 山梨県 | やまなし子供・若者育成指針担当窓口<br>055-223-1356 | |
| 栃木県 | 栃木県子ども若者・ひきこもり総合相談センター<br>028-643-3422 | |
| 静岡県 | 静岡県庁相談窓口案内 054-221-2292 | |
| 埼玉県 | 相談窓口ガイド 048-601-3111<br><br>ひきこもり支援に関する相談窓口 048-830-3565<br><br>発達障害支援情報 048-830-3310 | |
| 千葉県 | 千葉県青少年相談機関案内 043-223-2288 | |
| 東京都 | ひきこもりサポートネット 0120-529-528 | |

| | | |
|---|---|---|
| 神奈川県 | 青少年相談機関案内 045-263-4467 | |
| 新潟県 | 新潟県 若者のこころの相談サイト 025-280-5201 | |
| 富山県 | 富山県子ども・若者支援機関マップ 076-444-3207 | |
| 石川県 | 石川県相談窓口 076-225-1111 | |
| 福井県 | ひきこもり・不登校支援情報サイト 0776-20-0338 | |
| 長野県 | 長野県子ども・若者サポートネット 026-235-7208 | |
| 岐阜県 | 子ども・若者相談・支援窓口ガイド 058-272-1111（内線 2427） | |
| 愛知県 | 子ども・若者の相談窓口 052-954-6175 | |
| 三重県 | 困難を有する子ども・若者の社会的自立支援について 059-224-2305 | |
| 滋賀県 | 子ども・若者に関する相談機関一覧 077-567-5010 | |
| 京都府 | ひきこもり支援情報ポータルサイト相談窓口 075-414-4626 | |
| 大阪府 | 若年ひきこもり等相談窓口 06-6941-0351 | |
| 兵庫県 | ひょうご子ども・若者応援団 078-891-7410 | |
| 奈良県 | 支援機関ガイド 0742-27-8713 | |
| 和歌山県 | 若者総合相談 with you　073-441-2555 | |

| | | |
|---|---|---|
| 鳥取県 | 若者自立応援ページ 0857-26-7148 | |
| 島根県 | しまね子ども・若者支援マップ 0852-22-5241 | |
| 岡山県 | おかやま子ども若者支援機関マップ 086-226-0557 | |
| 広島県 | 子ども・若者相談支援機関ガイド 082-513-2740 | |
| 山口県 | 子ども相談窓口 083-933-4510 | |
| 徳島県 | とくしま子ども・若者支援機関マップ<br>088-621-2176 | |
| 香川県 | 香川県ひきこもり社会資源マップ 087-804-5565 | |
| 愛媛県 | 青少年相談窓口一覧 089-912-2300 | |
| 高知県 | こうち男女共同参画センターソーレ（高知県内の相談窓口）088-873-9100 | |
| 福岡県 | 若まど福岡県若者自立相談窓口 092-710-0544 | |
| 佐賀県 | 佐賀県子ども・若者自立支援マップ 0952-25-7381 | |
| 長崎県 | ひきこもりに関する相談機関等 095-844-5132 | |
| 熊本県 | くまもと子ども・若者支援マップ 096-387-7000 | |
| 大分県 | おおいた青少年総合相談所 097-534-4650 | |
| 宮崎県 | 青少年に関する相談窓口一覧 0985-26-7041 | |

第5章 「自分らしい生き方」を応援する便利帳（地域別相談窓口マップ）

| | | |
|---|---|---|
| 鹿児島県 | かごしま子ども・若者支援機関マップ<br>099-286-2111 | |
| 沖縄県 | 子ども若者みらい相談プラザソラエ 098-943-5335 | |

# 第6章
# 「自分らしい生き方」の
# 付録

　本章では、「これから自分らしい快適な生活」を過ごすため
に知っておくと便利な、身近な情報を集めて、紹介しています。

## 第1節
# 自分らしいはたらき方

　「一般雇用と障害者雇用のどちらを選べばいい？」など、自分らしいはたらき方を選択するためにも、以下で紹介する相談窓口をぜひ活用してみてください。ご本人だけでなく、ご家族からの問合せ・相談などにも対応しています。

　※一般雇用　　：採用にあたり、特別な配慮をしない通常の採用方法。
　※障害者雇用：事業主や自治体などが、障害があり、障害者手帳を所持している人を対象にした特別な雇用枠で採用する方法。

## （1）「一般雇用」を応援してくれる相談窓口

### ①　行政：ハローワーク（正式名称は「公共職業安定所」）

　国が設立・運営している機関で、主に就職相談や求人紹介、職業訓練などを原則無料・事前予約制で行っています。

　昨今では、よりきめ細かな相談対応を行うため、「学生、若者、就職氷河期世代」などの専門窓口が設置されたり、インターネットで求人検索ができたりします。

　ひきこもり状態であるが、就労を含めた社会参加を希望する場合は、主に就職氷河期世代専門窓口が対応をしてくれます。

　ご家族からの相談や、他機関との対応にも原則、応じてくれます。

　具体的な利用方法の詳細は、最寄りのハローワークにお問い合わせください。

　※全国ハローワーク所在案内（厚生労働省）：TEL03-5253-1111(代)

　また、「障害者雇用、在宅・起業など多様な働き方」に関しても相談対応、情報提供してくれます。

　※新卒応援ハローワークを利用しませんか

※わかものハローワークを利用してみませんか？

※就職氷河期世代専門窓口

※ハローワークインターネットサービス

## ② 行政：地域若者サポートステーション（愛称：「サポステ」）

サポステは、働きたいけれど「どうしたらよいのかわからない……」「自信が持てず一歩を踏み出せない……」「コミュニケーションが苦手で不安」など、働くことに悩みを抱えている15歳〜49歳までの人（ひきこもり状態にあるが、就労を含めた社会参加を希望する人も含む）を対象に、キャリアコンサルタントなどによる専門的な相談、コミュニケーション訓練などによるステップアップ、協力企業での就労体験など、就労に向けた支援を行っています。

サポステは、厚生労働省が委託した全国の若者支援の実績やノウハウがあるNPO法人、株式会社などが実施しており、「身近に相談できる機関」として、全国の人が利用しやすいようすべての都道府県に設置されています（2021年5月現在全国177箇所）。

※地域若者サポートステーション

※日本全国サポステの一覧

## ③ 行政：生活困窮者自立支援事業・就労準備支援事業

国の支援制度のひとつとして生活困窮者自立支援制度があります。

お金、仕事、住宅など、生活全般にわたる困りごとの相談窓口が全国に設置されていて、1人ひとりの状況に合わせた支援プランを作成し、専門の支援員が相談者に寄り添いながら、他の専門機関と連携して、解決に向けた支援を行う制度です。

仕事については、次の支援を行っています。

### ●「就労準備支援事業」

「社会との関わりに不安がある」「他の人とコミュニケーションがうまくとれない」など、すぐには就労が困難な人を対象に、6カ月から1年の間、プログラムに沿って、一般就労に向けた基礎能力を養いながら、就労に向けた支援や就労機会の提供を行っています。

### ●「就労訓練事業」

すぐには一般就労することが難しい人を対象に、その人に合った作業を提供しながら、個別の就労支援プログラムに基づいて、一般就労に向けた支援を行っています（中・長期的に実施する「就労訓練事業」）。

利用方法などの詳細については、下記サイトで確認してからお問い合わせください。

※実施委託状況一覧表

## （2）「障害者雇用」を応援してくれる相談窓口

### ①　障害者相談支援事業

障害のある人が、自立した社会生活を営むことができるよう、身近な市町村を中心として、相談支援事業を実施しています。

料金、利用方法などの詳細は、最寄りの市町村窓口（障害者福祉課）にお問い合わせください。

※障害者相談支援事業概要

### ②　障害者就業・生活支援センター事業

障害者のお住いの地域で、就業や生活面の「相談支援」を実施しています。

具体的には、就職に向けた準備支援、就職活動の支援、職場定着の支援や、事業者向けにそれぞれの障害特性を踏まえたうえでの職

場の雇用管理に関する助言などを行っています。

　利用方法等の詳細については、下記サイトで確認し、お問い合わせください。

　※障害者就業・生活支援センター概要　

### ③　地域障害者職業センター事業

　就職や復職を希望する障害者 1 人ひとりのニーズに合わせた職業評価や職業指導、職業準備訓練および職場適応援助等の各種の職業リハビリテーションを実施しています。

　独立行政法人高齢・障害者雇用支援機構が運営し、全国の各都道府県に、最低 1 箇所は設置されています。

　利用方法等の詳細については、下記サイトで確認してから、お問い合わせください。

　※地域障害者職業センター一覧表　

### ④　就労移行支援事業

　障害のある人の社会参加をサポートする、「障害者総合支援法」に基づいた支援制度として、就労移行支援事業があります。

　具体的には、一般企業への就職を目指す障害のある人（65 歳未満）を対象に、就労移行支援事業所において、他の機関と連携しながら、就職に必要な知識やスキル向上のためのサポート、適性に合った職場探しのサポートを、原則利用上限を 2 年として行っています。

　お住まいの地域の就労移行支援事業所の情報、利用方法等の詳細については、お住まいの市町村窓口（障害者福祉課）か、下記サイトでご確認のうえ、お問い合わせください。

　※障害福祉サービス等情報検索 – WAM NET

### ⑤　就労継続支援事業

　通常の職場に雇用されることが困難な障害者や、上記就労移行支援事業を利用したが雇用に結びつかなかった人を対象に、就労の機会の提供や、その他のさまざまな社会参加の機会の提供、就労の知識や能力の向上のための訓練を行う事業です。

　雇用契約を結び、最低賃金が保障された範囲で利用する「Ａ型（雇用型）」と、雇用契約を結ばないで、賃金ではなく工賃をもらいながら利用する「Ｂ型（非雇用型）」の２種類があります。

　Ａ型・Ｂ型ともに、利用期間制限はありません。

　お住まいの地域の就労継続支援事業所の情報、利用方法等の詳細については、お住まいの市町村窓口（障害者福祉課）か、下記サイトにてご確認のうえ、お問い合わせください。

　※障害福祉サービス等情報検索 – WAM NET

### ⑥　地域活動支援センター事業

　障害児者が、通所により、自立した日常生活・社会生活を営むことができるよう、創作的活動、生産活動、社会との交流の促進等を実施しています。

　各地域の地域活動支援センターに関する情報は、お住まいの障害福祉課、社会福祉協議会に、お問い合わせください。

　※地域活動支援センターとは？
　　　－『honops』障害福祉総合情報サイト

・事業所によって特色がさまざまなので、自分に合った窓口を選ぶには、「自分が相談したい内容」「自宅からのアクセス」など、自分の就労などの考えや希望を整理して、各事業所の情報（ホームページ、SNS、説明会、体験会）を確認し、複数の事業所で実際に参加してみてから選択するということが大切になってきます。

・上記の事業所以外にも、自立・生活訓練事業所、多機能型事業所があります。最近は起業、在宅ワークなどの多様な働き方もあり

ますので、インターネット（「障害者訓練事業」「起業」「在宅ワーク」で検索）で情報収集ができます。

障害者手帳制度、申請方法等に関しては、上記各種相談窓口にお問い合わせいただくか、インターネット検索（検索例：「障害者手帳とは」「障害者手帳申請方法」）で、調べられます。

当事者の人から、自分に合った働き方は、どのように見つけたらよいですかといった質問をよくいただきます。参考に考えてみてください。

**Q** 自分がやりたいこと、関心があることがありません。どうやって、見つけたらよいですか？

**A** 自分がやりたいことや関心のあることは何だろうと考えても、なかなか答えは出てきません。それがまたプレッシャーになり、焦りに繋がってしまうこともあります。そういったときは、まず考えることを止めて、ハローワークなどで、職業興味、職業適性検査などを受けてみて、客観的データから考えていくのもひとつの方法です。

## （3）本人のタイプ別サポート ＜家族・支援者向け＞

### ① 「行動したくてもできない」タイプ

a) 自身の意志がなく、就職の方向性を決められない
b) 就職活動の基本的な考え方や、やり方がわからない
c) 今までの就職活動や就労経験の失敗から、就職に対する自信と意欲をなくしている

ことなどが考えられます。その場合は、本人の行動を言葉にして褒め、就活以外の雑談を多くして、本人がリラックスして気力や体力を充電できる環境づくりから取り組んでみてください。

② 「コミュニケーション」が苦手タイプ

　過去のいじめ体験や人間関係のトラブルなどで、コミュニケーションに対するトラウマを抱えている場合があります。その場合は、本人と家族が信頼関係をつくることが大切です。家庭内での会話や雑談を増やし、買い物などの日常生活の行動を共にして、本人に安心感を持たせます。また自己肯定感を高めるために本人の長所や過去の成功体験、個性を肯定して、本人の気持ちが前向きになるように取り組んでみてください。

③ 自信が持てないタイプ

　a）　情報過多のため、行動する前に不安になっている
　b）　労働市場、就職活動の方法など就職に関しての情報や知識が不足している

ことがあります。その場合は、就職活動も含めた社会参加に関する具体的な情報や知識を提供し、本人の「わからない」不安を解消し、具体的な課題を与えてスモールステップで小さな成功体験を重ねて、自己肯定感が高まるように取り組んでみてください。

④ 夢追いタイプ

　a）　夢と現在の姿との格差が大きく、語るばかりで行動を起こしていない
　b）　「夢」のような漠然としたイメージを持っているため、実現したような気持になっている

ことがあります。　その場合は、本人の夢を支持しながら話をじっくり聴き、夢を実現するために何から始めたらいいかを具体的に話し合い、家族や周りが応援していることを伝え、行動できたら褒めることから取り組んでみてください。


　「自分らしいはたらき方」の最初の一歩を踏み出すためには、家族・支援者が丁寧に本人と関わりながら、不安や悩みを聴き、寄り沿い、家事の手伝いなどでの成功体験を増やすことで、自己肯定感

の回復をすることが、何よりも大切です。

## お役立ちサイト情報（2021 年 5 月現在）

### ① 就労・社会参加に関する制度、情報掲載サイト（一例）

「就労を含めた社会参加」に役立つ情報（一例）を下記にまとめましたので、ご活用ください。

| 制度、情報 | 電　話 | QRコード |
|---|---|---|
| 厚生労働省／雇用・労働相談窓口一覧 | 03-5253-1111 ㈹ | |
| 厚生労働省／若年者雇用対策 | 03-5253-1111 ㈹ | |
| 厚生労働省／障害者の方への施策（相談・支援機関） | 03-5253-1111 ㈹ | |
| 内閣官房／就職氷河期世代支援プログラム | 03-5253-2111 ㈹ | |
| 東京しごとセンター<br>就労することが困難な方への専門支援<br>（専門サポートコーナー）多様な働き方相談 | 03-5211-1571 ㈹ | |
| リクルートキャリアコンサルティング<br>「多様な生き方・働き方に向けたサポート」 | 0120-644-775 | |
| 厚生労働省／就労パスポートについて | 03-5253-1111 ㈹ | |
| よいしごとステーション | 03-5937-4501 | |
| あなたの「働きたい」を全力で応援します<br>株式会社フロンティアリンクワークス<br>（障害者専門求人・転職サイト） | 0120-144-335 | |

## ② お役立ち書籍情報（一例）（2021 年 5 月現在）

　自分にあった就労や社会参加を考えるうえで、参考になる書籍（一例）をあげましたので、ご活用ください。

| タイトル | 監修・著者 | 出版・発行 |
|---|---|---|
| 『ネガポジ就活術〜「やりがい」「目標」を否定することから始めよう』 | 黒沢 一樹 | 鉄人社 |
| 『「会社行きたくない」と泣いていた僕が無敵になった理由〜人間関係のカギは、自己肯定感にあった〜』 | 加藤 隆行 | 小学館 |
| 『専門キャリアカウンセラーが教える これからの発達障害者「雇用」』 | 木津谷 岳 | 小学館 |
| 『発達障害の人の会話力がぐんぐん伸びる アイスブレイク＆ワークショップ』 | 冠地 情 ほか | 講談社 |
| 『人材紹介のプロがつくった　発達障害の人の就活ノート』 | 石井 京子 | 弘文堂 |
| 『人材紹介のプロがつくった　発達障害の人の内定ハンドブック』 | 石井 京子 ほか | 弘文堂 |
| 『ちょっとしたことでうまくいく　発達障害の人が上手に働くための本』 | 對馬 陽一郎 ほか | 翔泳社 |
| 『ちょっとしたコツでうまくいく！　発達障害の人のための就活ハック』 | 窪 貴志ほか | 翔泳社 |

## 第2節
# くらしとお金

## （1）生活に困ったときに使える制度

### ① 障害年金

　病気やケガによって、生活や仕事などに制限がある場合（はたらいている人も含めて）に、受け取ることができる年金です。

　障害年金には、「障害基礎年金1級・2級」と、「障害厚生年金1級・2級・3級」の2種類があります。

　病気やケガで、初めて受診したときに、国民年金に加入していた場合は「障害基礎年金」、厚生年金保険に加入していた場合は「障害厚生年金」を請求できます。

　ひきこもり状態にある人は、「うつ病」、「社交不安障害」、「統合失調症」、「発達障害」と、診断されるケースが一般的に多いようです。

　医師の診断が出れば、障害年金受給への道が開ける可能性が出てきますので、ぜひ一度、受診してみることをお勧めします。

### 【障害年金をもらうには】

　障害年金を受け取るには、一定の障害の状態にあること（身体の障害、内臓器官の障害、精神の障害）、保険料の納付状況などの受給要件を満たす必要があります。

　受給要件、手続きなどの詳細に関しては、お住まいの地域の役所（年金事務窓口、障害者福祉課）、もしくは年金事務所にお問い合わせください。

### 【もらえる金額】

　障害の原因となった病気やケガについて初めて医師または歯科医師の診療を受けた日（これを「初診日」といいます）に、加入して

いた年金の種類（国民年金か厚生年金保険）によって、もらえる金額は変わってきますし、障害等級の何級に該当するかによっても変わってきます。

　詳しくは、お住まいを管轄している年金事務所にお尋ねください。

## 【障害年金を請求するポイント】

　障害年金の請求にあたっては、家族に請求サポートを頼んだり、お住まいの地域の障害者福祉課や年金事務所請求担当窓口などの相談員に相談しながら行うことができます。請求したからといって確実にもらえるものではありません。請求にあたっては、専門家（社会保険労務士）に請求の代理を依頼するのもひとつの方法です。

　ただし、専門家に依頼する場合は手数料がかかるのと、自分の病気や生活状況などプライベートなことも話す必要が出てくることに留意してください。手数料の相場としては、受け取る年金の１回分（２カ月分）か、最初に振り込まれる年金の10〜20％のうち、金額が大きいほうを採用する成功報酬型のケースが多いようです。

### ●初診日の重要性

　障害年金を請求するときに大切になるのが、「初診日」です。

　この初診日が証明できないと、受給要件を満たせず、障害年金がもらえません（ただし、お薬手帳や診察券、第三者の証言などがあれば、初診日の認定をしてもらえる、「救済措置」もあります）。

### ●診断書、病歴就労状況等申立書の作成

　医師の「診断書」は、障害年金がもらえるかどうか、もらえるとしたら何級になるのかがほぼ決まるといってよいほど重要な書類です。診断時に自分の症状や困りごとなどを正しく主治医に伝えられているかが、大切になります。

　うまく説明ができない場合は、文書にして渡す。第三者（家族や支援員など）に立ち会ってもらい、補足説明してもらうのもひとつの方法だと思います。

また「病歴就労状況等申立書」は、自分の症状、困りごとを自分で伝える唯一の書類です。通院歴から当時の症状、生活で不便に感じることなど、今までの経過を、自分で思い出しながら書いていくものです。作成するにあたり重要なことは、a）簡潔に読みやすいものにすること。 b）初診日から現在までの通院歴、主治医とのやり取りがもれなく書かれていること。C）症状、困りごとから受給の必要性がわかるようになっていること。

　この３点を、まずは下書きをして、申請事前相談などで、年金事務所相談員に確認してもらうことをお勧めします。


## ②　生活困窮者自立支援制度

　経済的に困窮し、最低限度の生活を維持することができなくなるおそれのある方に対して、個々の状況に応じた支援を行い、自立の促進を図ることを目的とした制度。利用対象になるかどうかは、個別状況に応じての審査等がありますので、本書P176の最寄りの自立相談支援機関、または本書 P192 の最寄りの社会福祉協議会まで、お問い合わせください。


## ③　生活保護制度

　誰でも、どこに住んでいても申請ができ、生活に困っていると判断されれば、無差別・平等に受けられる国の制度です。

　生活保護には、毎月の家賃や生活費などに加えて、薬や入院、教育にかかる費用などを補う、８種類の扶助があります。

　※８つの扶助とは、「生活、住宅、医療、教育、介護、出産、生業、
　　葬祭扶助」です。


## 【生活保護を受けるための条件】

　収入が生活保護基準より低く、生活維持が困難と判断される状況であれば、その他の条件はありません。

【もらえる金額】

　生活保護の基準額は、申請した人の年齢や世帯構成、お住まいの地域などにより異なります。

　年金などの収入がある場合は、ご自身の保護基準額からそれらの収入額を引いた差額を受給できます。

　詳しくは、お近くの福祉事務所までお問い合わせください。


【生活保護を申請する】

　お住まいの地域を管轄している福祉事務所担当窓口で、申請します。

　また、生活保護は「世帯単位申請」が基本であり、この場合、世帯とは「一緒に住んでいて、生計を一緒にしている関係」をいいます。

　※世帯分離（住民票を別）をしていて、生計は別だが、同じ家に住んでいる場合は、申請できます。

　※血縁関係・婚姻関係になくても（事実婚・同性婚など）、実態として生計が同じであれば、ひとつの世帯とみなされます。

　具体的な申請窓口は、「住まいがあるかないか」で変わります。また住まいが、友人宅などの場合も変わる場合がありますので、提出書類、申請方法、決定後の支給方法の確認等も含め、お住まいの地域を管轄している福祉事務所までお問い合わせください。


## ●申請にあたってのポイント

### 【持ち家や土地、車の所有】

　活用可能な資産については、原則として売却して生活費用に充てることが求められますが、たとえば、「自分が住むために必要な家である」、「生活維持のため（例 通院等）、車が必要である」などの状況が認められると、これらの資産を所有しながら、生活保護の利用が可能になる場合があります。

資産の例：住宅、土地、田畑、生命保険、自動車、バイク、貴金属等
※生活保護を利用開始してから、将来的にその資産を換金し、支給された保護費を返還する場合もあります。

## 【借金の扱い】

借金があっても、生活保護は申請・利用できます。

なお、借金の返済については、法律家に相談し、対応していくことになります。

## 【収入がある場合】

生活保護は、生活保護基準に足りない分のサポートを受けるものなので、給与や年金、仕送りなどの収入があった場合は、必ず申告します。収入申告後に就労収入などがあった場合は「基礎控除」分を差し引かれた金額が収入認定され、生活保護費が決まります。

## 【却下、廃止の手続き】

「申請の却下」「保護の廃止」は福祉事務所が判断します。

申請者・利用者が下された判断に不服がある場合、必要な手続きを行えば、不服申立てができます。

## 【扶養義務の確認】

民法では、「家族や親族が経済的に助け合うこと」が定められていますが、頼れる親族がいない場合や、関係がよくないなどの理由で連絡ができない場合もあるため、扶養義務は生活保護の利用の要件ではありません。

生活保護を申請すると、福祉事務所が申請者の家族・親族に「○○さんを援助できますか」と、確認の連絡（扶養照会という）をしますが、援助する・しないは個々の家族の事情で決めてよいことになっています。

※ DV や虐待の被害、家族関係が疎遠などの理由がある場合は、家族に居場所を知られないよう、扶養の有無の連絡を止めてもらうことができます。

詳細はお住まいの地域を管轄している福祉事務所までお問い合わせください。


**【水際作戦に遭遇した際の対応の仕方】**

全国的に生活保護の不正受給が社会問題になってきている影響で、福祉事務所の窓口に生活保護の申請に行くと、「水際作戦」と呼ばれる、違法ともとれる追い返しや窓口対応が行われる場合があるかもしれません。

＜こんな対応をされるかも……＞

「若くて健康な人・働ける人は、生活保護を受けられません。」

「住所がない人・住民票が別の自治体にある人は申請できません。」

「過去に保護を受けていたのでダメです。」

このような対応にあった場合は、どんなことを言われても、担当者に、「申請します」と伝えてください。

それでもお困りの際は、一旦出直し、第三者同伴（例 議員、民生委員、相談機関職員などの自分の生活状況等を理解し、説明してくれる方）を同伴して申請するか、次の相談窓口に相談してみてください。

【くらし・生活再建について相談できる窓口】（2021年5月現在）

・（一社）社会的包摂サポートセンター よりそいホットライン

　　TEL 0120-279-338（24時間365日）

・日本司法支援センター 法テラス

　　TEL 0570-078-374（平日9時〜21時、土曜9時〜17時）

・NPO法人自立生活サポートセンター・もやい

　　TEL 03-3266-5744（火曜12時〜18時・金曜11時〜17時のみ（祝日休業））

・NPO法人　POSSE

　　TEL 03-6693-6313（水曜日18時〜21時／土日曜13時〜17時）

　　※東北地方にお住まいの人はこちら TEL 022-302-3349

・NPO法人 ほっとプラス

　　TEL 048-687-0920（水・金10時〜17時）

・ホームレス総合相談ネットワーク

　　TEL 0120-843-530（月・水・金（祝日休業）11時〜17時）

・首都圏生活保護支援法律家ネットワーク（首都圏・北海道・富山）

　　TEL 048-866-5040（月曜〜金曜（祝日休業）10時〜17時）

・東北生活保護利用支援ネットワーク

　　TEL 022-721-7011（月曜〜金曜（祝日休業）13時〜16時）

・生活保護利用支援ネットワーク静岡

　　TEL 054-636-8611（月曜〜金曜（祝日休業）10時〜17時）

・東海生活保護利用支援ネットワーク（愛知・岐阜・三重）

　　TEL 052-911-9290（火曜・木曜（祝日休業）13時〜16時）

・近畿生活保護支援法律家ネットワーク

　　TEL 078-371-5118（月曜〜金曜（祝日休業）10時〜16時）

・北陸生活保護支援ネットワーク福井

　　TEL 0776-25-5339（火曜（祝日休業）18時〜20時）

- 北陸生活保護支援ネットワーク石川

  TEL 076-231-2110（火曜 18 時～20 時）
- 生活保護支援中国ネットワーク

  TEL 0120-968-905（月曜～金曜（祝日休業）9 時 30 分～17 時 30 分）
- 四国生活保護支援法律家ネットワーク

  TEL 050-3473-7973（月曜～金曜（祝日休業）10 時～17 時）
- **NPO 法人 抱樸**

  TEL 093-653-0779
- 生活保護支援九州ネットワーク（**九州・沖縄**）

  TEL 097-534-7260（月曜～金曜（祝日休業）10 時～17 時）

## お役立ち図書（一例）（2021.5 月現在）

くらしやお金について、参考になる書籍（一例）をあげましたので、ご活用ください。

| タイトル | 監修・著者 | 出版・発行 |
|---|---|---|
| 『窓口担当者がていねいに教える<br>生活保護のもらい方』 | 茶々 天々 | データハウス |
| 『生活保護で生きちゃおう！<br>崖っぷちのあなた！死んだらダメです』 | 雨宮 処凛 | あけび書房 |
| 『困ったときに使える<br>「最後のセーフティネット」活用ガイド』 | NPO 自立生活サポートセンター・もやい | NPO 自立生活サポートセンター・もやい |

# 親なき後準備（8050問題対応）

　本節では、昨今、社会問題化しつつある「生きづらさ」を抱えたご本人の長期高年齢化による、親なき後の準備（8050問題対応）について紹介します。

　親なき後の準備といっても、百人百様なので、すべての解決策を法制度などに当てはめることはできず、また、こうしたら解決するという処方箋もありません。

　しかし、本人・家族ともに、何かしら準備し動いていく必要があります。そのための視点として、下記を参考に、考えてみてください。

## （1）家族と支援者が考えたい視点とは

### ①　本人と家族の関係性のチェック

　ア）本人と家族は、会話ができる状況か。

　イ）本人と兄弟姉妹、親戚の関係性は良好か。

### ②　本人の生活状況を整理する

　ウ）金銭感覚、収入状況について認識があるか。

　エ）電話対応（電話をかける、受け取ること）ができるか。

　オ）携帯、パソコンの所持、操作ができるか。

　カ）家族以外の付合い、趣味、関心事など家族が知っているか。

　キ）家事（炊事、洗濯、掃除、買い物）、来客・宅配便の対応・各手続き、支払いなどができるか。

　ク）国民年金保険料などの納付状況を確認する。

　　※状況によっては、国民年金の保険料免除、保険料納付猶予制度を利用できるので、その場合は、手続きを済ませているか（代理手続可）。

　ケ）持病・障害など健康面で、気がかりなことはあるか。

※ある場合は、医療機関に繋がるなどの対応ができているか。

コ）居場所、相談機関等の社会資源と繋がっているか。

### ③　家族の生活状況等を整理する

サ）家計の状況を、家族で共有できているか。

シ）「持ち家」なのか、「賃借」なのか。

　　また、親と本人の老後の住まいについて話し合えているか。

ス）資産はあるか、あるならいくらあるのか。

　　また、ローンや借金などの負債はあるか、あるなら金額も含め家族で共有しているか。

セ）親なき後に、本人が生活できるための各種情報や、金銭の整理をしているか。（公的扶助制度、お金を残す方法等）

ソ）親に何かあったときに相談できる体制を整えているか（兄弟姉妹、親戚、家族会、地域の相談窓口等の利用）。

タ）遺言書やエンディングノート作成などについて、家族と共有しているか。

チ）本人を交えて、親なき後の準備について話し合っているか。


## （2）親御さんが本人に教えておくべきこと

### ①　食べること

　調理器具の使い方、買い出し（スーパー、コンビニ、ネットショッピングの利用方法）、料理（ご飯・みそ汁）の作り方などは、普段から家族の分も作ってもらうなどして、いざというとき本人が困らないようにしておく。

### ②　清潔に住む

　片付けやゴミの出し方、掃除の仕方（用具の使い方など）、洗濯（洗濯機の使い方など）や、コインランドリー、クリーニング店の利用の仕方を一緒にやって教える。

### ③　相談・手続き関係

　　困ったときの相談窓口や支援機関には、事前に同行して繋げて
おく。それが無理な場合は、紙に書いて本人に渡したり、家の中
に貼っておくことで、情報の共有をしておく。

　　同時に、公共料金の支払いやATMの使い方も確認しておく。

　　本人に、相談窓口や支援機関は安全で、安心して利用できると
ころであると伝えておくと、本人が窓口に繋がりやすくなります。

　　以上の３点を軸に、本人の状況なども踏まえながら、いざとい
うときに本人が困らないよう、準備しておくことをお勧めします。

## （3）親御さんがしておくべきこと

### ①　本人との関係づくり

　　本人の「生きる意欲」が枯渇しないよう、何気ない会話や本人
の話をよく聞き、思いなどを共有できる関係を保ち、本人への働
きかけを続けてみてください。状況的に孤立しやすい環境の人
は、ひとりで抱えず、兄弟姉妹、親戚、相談機関などを活用しな
がら、対応してみてください。

### ②　家計表、キャッシュフロー表を作成・共有／更新

　　将来の準備をするために、現状を把握し、対策を考えるため
に、家計表、キャッシュフロー表を作成してみることをお勧めし
ます。具体的な作成方法は、インターネット検索（例：家計表・
キャッシュフロー表の作り方）で、調べられます。

　　専門家を交えて作成したいという場合は、P223のサイト情報
を参考にしてみてください。

　　まずは、親子の信頼を回復して、会話ができるようにしなけれ
ばなりません。温かい見守りのまなざしでの対応が必要になります。

　　そのうえで、「私たち家族の生涯設計を立ててみたので、その

結果をあなたにも伝えておきたい」などの言い方で、話してみてください。「もうお金がないから、働いてもらわないと無理」などと、将来の不安をあおるような言い方は、避けていただきたいです。

### ③ 遺言書、エンディングノートの作成・更新作業

遺言書やエンディングノートを作成、また、住まいの賃貸契約や各保険などの契約を更新している場合は、そのことも家族全体で共有しておくと、予測できないライフイベントなどに遭遇しても、安心して対応できます。

特に認知症などで、要介護状態になったときの対策、親なき後に行う事務手続についても、事前に家族内で確認しておくとよいでしょう。

### ④ 兄弟姉妹、親戚などに対応を相談・依頼する

兄弟姉妹や親戚など信頼できる人に、親なき後の対応に協力してもらえるかどうかを確認してみてください。

決して「親代わり」ではないことを伝え理解してもらいます。

特に相続に関しては不平等になる可能性があることを、兄弟姉妹には伝えて了解をとっておくとより安心です。

### ⑤ 本人が孤立しないために、社会制度や相談窓口の情報を集めておく

本書に紹介した相談機関などを参考に、本人が利用できそうな社会制度や相談窓口に関する情報を集めておきましょう。

該当するページに、付箋やアンダーラインで印をつけておくだけでもよいと思います。

### ⑥ 暴力的支援団体を利用しない

ひきこもり問題が長期高年齢化し、深刻さを増すなか、暴力的な引き出し手法で問題解決を図ろうとする「自立支援団体」によるトラブルや、中身のない「自立支援」で高額な契約をさせる消費者トラブルが急増しています。

被害に遭わないためにはどうすべきか、暴力的支援団体の傾向を踏まえた対応策をまとめましたので、参考にしてみてください。

**［暴力的支援団体の傾向］**

- ●ゆがんだ正義感にあふれ、利用者に対して、配慮・尊敬の念が欠けている。
- ●社会復帰と自立支援、社会に戻すことが大前提な支援のあり方になっている。

  ※契約を急がせたり、本人の同意なしでいきなり支援（許可なく自室に入るなど）が実行される。
- ●犯罪者予備軍（わが子）VS被害者（親・家族）の構図にして、不安をあおり、弱み、困りごとのスキマをついてくる。
- ●活動内容等の説明が不充分で、不透明な団体。
- ● 24時間365日、対応していることを強調している。
- ●ネット広告に力を入れている。
- ●利用料金形態が不明、名誉職資格の活用（特に警察OB）。
  - ➡社会的信用、地位を利用している。
  - ➡プロ、専門家集団であることを全力でアピールしてくる。頼りたくなる言葉の羅列をしてくる。
  - ➡業績の数字で効果を示してくる。
  - ➡解決する、終わらせると、拡張表現をする。

**［被害に遭わないための知恵］**

- ●ひきこもりなどの生きづらさ支援は、『家族丸ごとの生き方支援』が大事であり、かつ有効であるということを頭に入れて、短時間で解決しようとする団体のやり方を、じっくり冷静に考えてみる。
- ●ひとりで抱えこまない、決断や即決しない。

  第三者に相談や意見を求めてみたり、利用者の声、評判等の情

報を収集してみる。

**[暴力的支援団体を利用し、対応に困ってしまった場合]**

●ひとりで抱え込まずに、速やかに、警察・消費者生活セン
ター・家族会などの相談窓口に相談してください。

※相談窓口例：NPO 法人 KHJ 全国ひきこもり家族会連合会

TEL 03-5944-5250（P116 参照）


# 親なき後準備のサイト情報（一例）（2021.5 月現在）

親なき後準備に役立つ情報（一例）をまとめましたので、ご活用
ください。

| 団体名 | 電 話 | QR<br>コード |
|---|---|---|
| 働けない子どものお金を考える会<br>【ライフプラン設計】 | 非公開 | |
| NPO 法人若者と家族のライフプランを考える会　　　　　　　　【ライフプラン設計】 | 075-201-8073 | |
| 一般社団法人 OSD よりそいネットワーク<br>【相談・情報収集】 | 03-5961-5252 | |
| 日本 FP 協会<br>　　　　　　　　【ライフプラン設計】 | 03-5403-9700 | |
| 一般社団法人ゆうちょ財団暮らし・お金に関する相談会　　　　【ライフプラン設計】 | 03-5275-1811 | |
| 暴力支援団体引き出し業者等によるトラブルに関する情報<br>（NPO 法人 KHJ 全国ひきこもり家族会連合会） | 03-5944-5250 | |
| KHJ ひきこもり兄弟姉妹の会<br>（NPO 法人 KHJ 全国ひきこもり家族会連合会） | 03-5944-5250 | |
| NPO 法人ら・し・さ<br>【エンディングノートなど終活準備】 | 03-6264-4655 | |

## 親なき後準備お役立ち図書（一例）（2021.5月現在）

　親なき後準備に参考になる書籍（一例）をあげましたので、ご活用ください。

| タイトル | 監修・著者 | 出版・発行 |
|---|---|---|
| 『中高年ひきこもり～社会問題を背負わらされた人たち』 | 藤田 孝典 | 扶桑社新書 |
| 『高齢化するひきこもりのサバイバルライフプラン』 | 畠中 雅子 | 近代セールス社 |
| 『ひきこもりのライフプラン「親亡き後」をどうするか 新版』 | 斎藤 環・畠中 雅子 | 岩波書店 |
| 『親亡きあとの子のマネーぷらん 働けない子どもが一人になったとき困らないように今から行動するための本 ご家族とご本人のために』 | NPO法人 KHJ 埼玉群馬けやきの会家族会 | NPO法人 KHJ 埼玉群馬けやきの会家族会 |

## （4）親亡き後に行う事務手続について

　家族が亡くった場合、残されたものが行わなければならない手続きを、次ページにご紹介します。

　なお、詳細な内容・手続き方法は、お住まいの市区町村窓口（戸籍関係部署など）で教えてくれます。

　事前にお問い合わせしてみていただき、エンディングノートなどに対応をまとめておくとよいでしょう。

[死後の具体的手続き細目]

| ① 死亡届の入手 | ② 埋葬執行・支払い |
|---|---|
| ③ 埋葬許可証申請 | ④ 火葬執行・支払い |
| ⑤ 葬儀執行・支払い | ⑥ 親族・知人連絡 |
| ⑦ 健康保険証の返納 | ⑧ 年金受給資格の停止 |
| ⑨ 税金支払い | ⑩ 印鑑登録証の返還 |
| ⑪ 相続人への引継ぎ | ⑫ クレジットカードの停止・凍結 |
| ⑬ 新聞の停止 | ⑭ 銀行口座の停止 |
| ⑮ ライフラインの停止・凍結 | ⑯ NHK 受信料の解約 |
| ⑰ 免許証の返納 | ⑱ SNS のアカウント消去 |
| ⑲ プロバイダなどの料金清算 | ⑳ 家賃の清算、部屋の返却 |
| ㉑ 部屋の引渡しまでの管理、敷金の受取り | ㉒ 遺品整理処分 |
| ㉓ 電話・携帯電話の停止と清算 | ㉔ 免許証返納 |
| ㉕ 加入している団体の脱退手続 | ㉖ 病院支払い |
| ㉗ 入居施設支払い | ㉘ 形見分け |
| ㉙ ペットの処遇対処 | |

# あとがき

　実社会では、「行き渋り・不登校」や「ひきこもり」は、誰にでも起こりうる社会情勢です。

　家族の問題ではなく、社会の側の問題です。その社会の側に合わせるのではなく、たとえ生きづらさを抱えたとしても、「ありのままの自分」を大切にして欲しいと、私は考えます。

　よく言われる言葉で、「この世の中乗り越えられない試練はない。」というのがありますが、それは決してひとりで抱え込んで、すべて自分で対応しなさいということはではない、と私は考えています。

　ぜひ、ご自身のタイミング、やり方で結構ですので、本書に掲載している困りごと別相談機関・活動団体などに繋がり、利用してみてください。

　私も同じ生きづらさを抱えた当事者として、これからも自身の生きづらさとともに、自分のペースで、自分らしい「生き方」を模索し続けていきたいと思います。

　最後になりますが、本書を手に取って読んでくださった皆さん、出版の機会をくださった株式会社日本法令出版部吉岡幸子さん、共著者として私を支え続けてくださった岡本二美代さん、制作に携わってくださった皆さん、本当に有難うございました。

　心より感謝をこめて、お礼を申し上げます。

大橋　史信

227

この本を書かせていただくために、ご本人やご家族のインタビューに立ち会わせていただきました。

　仕事柄、当事者やご家族のお話はたくさん聞かせていただいておりましたが、今回のインタビューで、ご自身の孤独感、失望感などの生きづらさの生の声には、長い時間が経ても、なおも癒えぬ辛さに苦しんでいることに、深く感動しました。

　そして、ほとんどの当事者が当時を振り返り、親に対する希望は「話を聞いてほしかった」「信じて待ってほしかった」と言っておられました。家族からすると「どんな対応をしたらいいか」「何をしたらいいか」と、行動をすることが頭にあるのですが、子どもの望んでいることとのギャップに、改めて教えられた思いがしました。

　本人たちが本当に望んでいたことは、何かをしてほしいことではなく、「自分を理解してほしい」、「静かに愛してほしい」ことでした。

　本人たちの生きづらさの根底に流れるものは、急にはせき止められないかもしれませんが、根底に温かい風を吹かせることができるのは、家族しかいないと思います。

　この本をお読みになって、何かひとつでも、読んでよかったと思ってくださることがありましたら、書かせていただいた甲斐があります。

　この本の中で、「よさそうだな」とか、「これならやれそう」と思われたところがありましたら、まずはやってみていただけると、必ず次の道に繋がると思います。

　最後とはなりますが、貴重なご縁をいただき、共著というパートナーを組ませていただいた大橋史信さん、温かく見守っていただいた出版部の吉岡幸子さん、制作に協力いただいた皆さんに、心から感謝申し上げます。

　ありがとうございました。

岡本　二美代

**［出典・資料］**

　本書の第1章、第5章、第6章については、本書に出典等を記載しているほかは、主に著者の相談資料や講座などで使用している独自の資料を基に、書き上げたものです。

　また、関係団体等の公式ホームページを参考に、著者が再構成したものです。


**［協力者（敬称略）］**

浅井翔子、稲垣早苗、古賀真希子、小島寛加、小林妙子、佐藤博子、白石弘巳、田島尊弘

表紙イラスト・似顔絵・各章扉イラスト：平井志野

＜著者紹介＞

**大橋 史信（おおはし ふみのぶ）**

1980 年 5 月 7 日 東京都文京区生まれ。
ひきこもりピアサポーター、生きづらさ（難さ）コンシェルジュ、一般社
団法人生きづらさインクルーシブデザイン工房代表理事として、生きづら
さを抱えたご本人とその家族に対しては、家族丸ごと生き方支援活動を、
支援者・地域に対しては、当事者経験者視点の支援について発信活動など
を行っている。
本書に関する問合せ、感想・ご意見、ならびに個別相談、各種支援業務 /
講演・研修、取材、寄付等 随時受け付けています。下記までご連絡をお願
いします。
携帯電話: 080-6539-1304 / E-mail: jambooohashi0507@yahoo.co.jp
facebook: https://www.facebook.com/fuminobu.oohashi（友達申請歓迎 !）
HP 用 QR

（個人サイト）（法人 サイト）

**岡本 二美代（おかもと ふみよ）**

家族関係心理士、心理カウンセラー。
2000 年から東京都杉並区で、不登校・ひきこもりの当事者と家族支援、
杉並区教育委員会で数々のセミナーや、居場所サポーターとして活動。
2009 年には、悩みを抱えている多くの女性に、カウンセリングを身近に
体感してほしいとの願いを込めて、カウンセリングを対話スタイルで書き
上げた「わたし自身の愛し方」を出版。
2010 年より、不登校・ひきこもりの家族会「55％の会」を立ち上げ、毎
月定期的に開催している（本書 P142）。
現在、杉並区で「カウンセリング・ウォーム」の名称で相談事業を行いなが
ら、他所の家族会でアドバイザーやセミナー、講演などの活動をしている。
E-mail: fumisan63@gmail.com  HP: fumi1110.jimdo.com

不登校・ひきこもり・発達障害・LGBTQ+
生きづらさの生き方ガイド　　　　　　　令和 3 年 7 月 1 日　初版発行
～本人・家族の本音と困りごと別相談先がわかる本　令和 4 年 7 月 10 日　初版 3 刷

日本法令®

〒 101 - 0032
東京都千代田区岩本町 1 丁目 2 番 19 号
https://www.horei.co.jp/

検印省略

著　　者　大　橋　史　信
　　　　　岡　本　二　美　代
発 行 者　青　木　健　次
編 集 者　岩　倉　春　光
印 刷 所　日 本 ハ イ コ ム
製 本 所　国　　宝　　社

（営 業）　TEL　03 - 6858 - 6967　　E メール　syuppan@horei.co.jp
（通 販）　TEL　03 - 6858 - 6966　　E メール　book.order@horei.co.jp
（編 集）　FAX　03 - 6858 - 6957　　E メール　tankoubon@horei.co.jp
（オンラインショップ）　https://www.horei.co.jp/iec/
（お 詫 び と 訂 正）　https://www.horei.co.jp/book/owabi.shtml
（書 籍 の 追 加 情 報）　https://www.horei.co.jp/book/osirasebook.shtml

※万一、本書の内容に誤記等が判明した場合には、上記「お詫びと訂正」に最新情報を掲載
　しております。ホームページに掲載されていない内容につきましては、FAX または E メー
　ルで編集までお問合せください。